穿越中國五千年 ❽

元朝

歪歪兔童書館 著繪

中華教育

前言
讓歷史更鮮活、更可愛一些

張永江

本書審訂人

（國家清史編纂委員會專家，中國人民大學歷史學院教授、博導）

作為一個大半生從事歷史研究、歷史教育的專業人員，數十年來，有兩大問題始終縈繞在我心懷：許多人為之竭盡心力的史學有何價值？怎樣才能把紛繁複雜的歷史知識有效傳達給社會公眾，並成為大眾知識的一部分？這也可以說是歷史學者的「終極之問」吧。

所謂歷史，就是已經逝去的過往一切。沒有文字之前，人類記憶的保存和傳遞基本上只能依靠口耳相傳。那時，構成歷史的記憶，多半是家族、部落的先輩的經歷、經驗和教訓。有了文字，就有了儲存、傳承歷史記憶的「利器」。歷史記憶，對於家族、部落乃至民族和國家都極為重要，是凝聚認同感的主要依託。對於個人，歷史也同樣重要，往往表現為潛意識下的集體認同情感和外在的生命智慧，滋養豐富着個體的精神世界。毫不誇張地說，古往今來，凡是卓然超羣的偉大民族和深謀遠慮的傑出人物，無一不吸收並受益於豐厚的歷史經驗的滋養。

在古典時代，華夏中國數千年的文明綿續不斷，累積了獨一無二的

豐厚的歷史記錄，皇皇巨著「二十四史」就是中國作為史學大國的明證。我們不光擁有三千年連續不斷的歷史記載，擁有浩如煙海的史學著述，還形成了堪稱發達的史學文化。「以史為鑒」、「秉筆直書」等等，都是中華民族史學之樹長青的精神養料。當然，中國史學發展到近代，也存在着一個重大缺陷，就是百多年前梁啟超指出的傳統史學缺乏「國民性」，都是以帝王將相為中心的歷史。為此，他呼籲「史學革命」，為創建「新史學」不遺餘力。實際上，舊史學除了記錄內容有「帝王中心」的問題外，還存在「形式」過於「莊嚴」，脫離廣大民眾、高高在上的問題。

近代以來，隨着近代化浪潮的影響，中國的文化轉型為各領域帶來了變化。史學也開始由統治階級主要用於「資治」的「高大上」功能而定位於「廟堂」之上，逐漸放低「姿態」，全面容納社會生活；體裁上以西方史學為藍本的章節體史書，搭配淺顯易懂的白話文敍述，使社會公眾對史學有了更多的親切感。關心史學的人士也由過去狹窄的士大夫精英階層擴大到一般的知識界，並經由中學教科書體系連接到未成年人世界。這種改變當然是可貴的，但還遠遠不夠。歷史的普及教育仍然有一個門檻，那就是必須具備了中學以上學歷或識字水平才能進入歷史世界。這看似不算高的門檻，事實上將億萬兒童擋在了歷史殿堂之外。

現在面臨的一個重要的問題是，如何讓靜態的歷史鮮活起來，化繁為簡，讓「莊嚴可敬」的歷史更接地氣，趣味橫生？

前人已經付出了很多努力來探索這種可能性。早在清代，就已出現了通俗性的歷史讀本《綱鑒易知錄》。學富五車的梁啟超、胡適都是通

過這部書來啟蒙史學的。歷代都有人通過小說、戲曲、詩詞等藝術形式表現歷史，影響較大的如《三國演義》、《說唐傳》。近數十年，由專業學者編寫的普及性的歷史讀物覆蓋了歷史上的重大事件、人物傳記，人們創作了大量的連環畫來展現歷史，歷史題材的小說如《少年天子》、《雍正皇帝》，影視中的清宮戲，電視節目中的《百家講壇》等，更是令人目不暇接。但是，藝術表現的歷史，並非都是真實的歷史，歪曲、誇大、臆造、戲說的「歷史」所在多有。新形式不僅沒有幫助兒童獲取正確的歷史知識，兒童讀者反而因為缺乏鑒別能力而有可能被誤導。系統地、準確地、正確地向廣大社會公眾傳達真實的歷史知識，仍有待專業的歷史研究者努力。

史學知識普及的難點在於，難以兼顧通俗性與嚴肅性。通俗性要求讀者喜聞樂見，情節生動有趣。但傳統史學本身關注的內容毫無趣味，研究更需要嚴謹細緻，過程枯燥乏味。於是就出現了兩個極端：專業研究者謹慎嚴格，研究結果只在「圈內人」中傳播；社會公眾中的史學愛好者興趣盎然，對資料卻真偽不辨，良莠不分，傳播的只能是戲說的「歷史」。歷史產品的「出品方」雅俗分離，兩者漸行漸遠，普羅大眾更多接受的是後者。

可喜的是，近年來這種困境有了新的突破，就是專業史學研究者與業餘歷史愛好者雙方在編輯、出版者的撮合下走到一起，分工合作，面向廣大兒童、青少年推出了新型故事。首先試水的是「漫畫體」的歷史故事，以對話方式推進故事，受到學齡前後兒童和家長的喜愛，在市場上大獲成功。新文本雖然形式活潑，但內容也經專家審定，並無虛構。

歪歪兔的這套《穿越中國五千年》，可以看作是「漫畫體」的升級版，面向的是中小學階段的讀者。全書分十冊，涵蓋了從遠古到清代的漫長時期，按階段劃分成卷，完全符合歷史發展順序，可以視作「故事體」的「少年版中國通史」。敘事上，避免了以往歷史讀物常見的簡化版枯燥的「宏大敘事」問題，而是每冊選取三十個左右的歷史故事，通俗形象地展示這一時期的歷史概貌。

作為本書的審訂人，我認為這套書有以下特色和優點：

○ 所採擷的歷史故事真實、經典，覆蓋面廣，屬大眾喜聞樂見、耳熟能詳者。

本書由具有深厚史學功底的歷史學者、知名歷史類暢銷書作家合力撰寫，故事根據《左傳》、《戰國策》、《史記》、《漢書》、《資治通鑒》等歷史典籍編寫，參考最新的權威考古研究報告，以適合小讀者的語言進行講述，生動有趣地還原真實的歷史事件，讓歷史更加鮮活。每篇故事中的生僻字都有注音，古代地名標明現今位置，生僻官職名稱、物品名稱也有相關解釋，掃除了閱讀障礙。

○ 編排設計合理，強調對歷史線的梳理，簡要勾勒出一部中國歷史大觀。故事之間彼此呼應，有內在的邏輯關係。

本書精選的二百七十個歷史故事，基本涵蓋了中國歷史發展過程中重要的時間點和歷史大事件。小讀者通過這套書，可以清楚地了解到從

距今約七十萬年的周口店北京人到 1912 年清朝滅亡期間王朝的興衰和歷史發展過程。

💡 **內容豐富,知識欄目多,便於小讀者在學習歷史的同時,豐富文化知識,開拓視野。**

每一篇除故事主體外,還大致包含以下欄目內容:

好玩的副標題,激發小讀者的閱讀興趣。

知識加油站,選取與歷史故事相關聯的知識點,從文化、文學、科學、制度、民俗、經濟、軍事等角度,擴展小讀者的知識面,讓他們了解生活中方方面面的事物都是隨着歷史進程而發展、發明出來的,在增加歷史文化知識的同時,更直觀地理解古人的智慧和歷史的發展規律。

當時的世界,將中國歷史與世界歷史同時期的事件進行對比展示,開闊孩子的視野,培養孩子的全局觀。

💡 **文風活潑生動,圖文並茂,可讀性強。結合中小學生的實際生活,運用比喻、類比、聯想等手法敍事,幫助小讀者真正從歷史中獲得對實際生活的助益。**

時代在進步,文化也在按照自己的邏輯演進。新的世代有幸生活在「全球一體化」的文化交融時代,他們能夠並正在創造出超越前人的新

文化。歷史的海洋足夠廣闊深邃，充分擷取其滋養，豐富個人精神，增
進民族智慧，是我們每一個歷史學者的志願！

2021 年 8 月 15 日於京城博望齋

穿越指南 ▮▮▮▶ 元朝

進入元朝，你要做的第一件事，就是看一下自己是屬於哪一等級的人，這非常關鍵。元朝實行四等人制度，蒙古人為第一等級，來自漢、蒙以外各民族的「色目人」為第二等級，第三等級是漢人，最後一個等級為「南人」，也就是之前生活在南宋的百姓。

那你要問了，為甚麼這個那麼重要呢？因為不同等級的人，生活是完全不一樣的。如果你屬於前兩個等級，那麼你在元朝可以輕鬆、自在地生活。如果你屬於後兩個等級，那就要小心了，因為你會處處受到限制。比如，你想要做飯、切個水果甚麼的，你很可能會找不到刀，因為按規定，漢人和南人每八戶人家才能允許有一把刀。所以切東西前，你一定要先從鄰居家把刀拿過來。除此之外，漢人和南人還不許練武、打獵，不許擁有馬匹。來元朝之前，你可能聽說過當時有很多雜劇非常流行，你想出去看看劇 —— 對不起，不行。因為元朝法律明確規定，漢人和南人是不許聚眾集會的，所以你別說不能看劇了，就是到了一些傳統節日想出去逛逛，也不行！

除了生活上的限制，漢人和南人在其他方面也有限制。比如說，元朝最初是沒有科舉制度的，當大官的全都是蒙古的貴族。運氣好的話，漢人和南人可以在朝廷當些小官或地方官，但是只能當副手。一旦有要事商議，漢人和南人是不許參與的。

驛站

雖然有那麼多限制，但是也不要過分悲觀，你在元朝還是可以看到一些好的方面的。沒有了科舉，讀書似乎變得不那麼重要了，所以你可以選擇研究科學技術，做做小發明，或者當一個商人。

　　在元朝當一個商人是不錯的選擇，因為元朝商業是非常繁榮的。元大都，也就是今天的北京，有繁華的商業街，你可以看到很多來自中亞、南亞的商人。很多地方還有各種市集，比如果市、菜市、鞋市，等等。除此之外，京杭大運河的開通和遍佈各地的驛（yì，粵音亦）站，使得運輸貨物變得更加方便。

　　除了元大都，位於福建的泉州有元朝最大的貿易港。外國商人會把大量的香料、鑽石等商品運到這裏。而我們生產的茶葉、瓷器、絲綢等物品則會從這裏賣到世界各地。

　　同時，元朝的陸運也很發達。大家還記得嗎？絲綢之路在宋朝時中斷了，到元朝時又重新開通了，而且比之前更加便利。因為當時歐亞大陸都在蒙古四大汗國的控制之下。假如你是一個商人，從元大都出發，可以一路暢通無阻地到達歐洲。

　　說到這裏，你是不是已經躍躍欲試了？別着急，還有一件事會讓你更加想當商人。那就是元朝時，全國通行的貨幣不再是沉重的銅錢和銀錠（dìng，粵音定），而是一種叫「至元通行寶鈔」的紙幣。拿着它外出做生意，是不是方便多了呢？

雖然元朝的紙幣用起來非常方便，但是你漸漸會發現，這些紙幣怎麼越來越不好使了呢？原先你想要買一袋米，只需要一張紙幣就可以了。可是到了後來，十張也買不到一袋米了。這時有人會告訴你，你手裏的紙幣和廢紙差不多，是因為元朝政府太腐敗，國庫沒有錢供他們花了，他們就大量印製這種紙幣，印得越多，紙幣就越貶值。

　　然後又有人告訴你，很多地方的人因為實在吃不飽飯，開始起義反對元朝。又過了一段時間，你聽說一個叫朱元璋的人佔領了元大都，趕走了元朝的皇帝。這時你肯定已經知道，又要開始下一場穿越旅程了。

成吉思汗統一蒙古

草原英雄成長記

　　大家有沒有去過內蒙古大草原？就算沒去過，也可以在書上、網絡上或電視上看到草原壯美的景色。草原不太適合種莊稼，卻非常適合放牧。所以生活在草原上的人們也被稱為「游牧民族」，他們主要以放牧為生，哪裏的草更肥美、水源更充足，他們就到哪裏去。

　　很久以前，就有一個游牧民族出現在草原上，唐朝時被稱為「蒙兀室韋」，他們就是如今蒙古族的祖先。這個民族的人從小就在馬背上長大，騎馬射箭不在話下，個個都是天生的騎士。不過，蒙古騎兵的戰鬥力雖然強，但蒙古族由許多鬆散的小部落組成，他們為了爭奪資源和地盤，經常互相殘殺，鬥得你死我活。他們當時被金國統治，還經常受欺負。除此之外，草原上還生活着很多強

大的民族，比如塔塔兒部、克烈部、乃蠻部、弘吉剌（lá，粵音辣）部，等等，他們一直對蒙古族虎視眈眈，想要消滅蒙古族。後來蒙古族出了一位英雄，帶領他們強大了起來，這位英雄就是鐵木真。

鐵木真的父親也速該，是蒙古乞顏部的首領。鐵木真九歲那年，也速該就被宿敵塔塔兒人設計毒死了。也速該的部下覺得老大死了，繼續留下來也沒甚麼出路，紛紛離開了乞顏部，只剩下年幼的鐵木真兄妹與母親訶（hē，粵音ho1）額倫相依為命。訶額倫非常堅強，為了求生，她帶着鐵木真等幾個孩子採集野菜野果，把縫衣針做成魚鈎在斡（wò，粵音挖）難河裏釣魚。鐵木真就是在這樣艱難的環境下成長起來的，也因此磨煉出堅強的意志。

長大以後，鐵木真想要重振乞顏部。他召回了父親的一些舊部。但光靠這點力量遠遠不夠，於是他想到了兩個人，一個叫札木合，是自己小時候的好朋友，兩個人還曾經結為「安答」（結義兄弟），現在他是札答闌部的首領；另一個叫脫斡鄰勒，是自己父親的「安答」，克烈部的首領。鐵木真去找他們，還認脫斡鄰勒為義父，總算有了依靠。

到了十八歲時，鐵木真要和一位叫孛（bó，粵音勃）兒帖的姑娘結婚。結婚的當天，鐵木真的妻子卻被蔑兒乞惕部的人搶走了。這對鐵木真來說是奇恥大辱，他趕緊向札木合和義父借兵，進攻蔑兒乞惕部，打響了自己這輩子的第一戰。

鐵木真在這一戰中大獲全勝，不僅救回了妻子，還打出了自己的威風。原先乞顏部的百姓聽説乞顏部出了鐵木真這樣一位英雄，紛紛回來追隨他，還把他推選為乞顏部的可汗。這時的鐵木真剛二十歲出頭。

可是，隨着鐵木真的勢力逐漸強大，札木合不開心了。他和鐵木真都想統一蒙古各部，可統一之後只能有一個人當大汗，衝突不可避免。這樣一來，兩個人的關係越來越冷淡，都強忍着找機會和對方開戰。

1190 年，札木合的弟弟去搶劫鐵木真的馬羣，結果被殺了。札木合得到消息後，立即聯合塔塔兒、泰赤烏等十三

部三萬人去攻打鐵木真。鐵木真也領兵抵抗，他和母親訶額倫分別率領一隊兵馬，乞顏部的其他貴族也各自率領兵馬，總共十三隊。蒙古人把一支軍隊叫一「翼」，所以這一戰被稱為「十三翼之戰」。

結果，鐵木真被打得大敗，最後一直退到斡難河的一塊狹地，才算喘過氣來，「十三翼之戰」也成了他這輩子屈指可數的幾場敗仗之一。札木合大獲全勝，俘虜了大批乞顏部的士兵。

本來按蒙古人的風俗，這些乞顏部俘虜都要歸順札木合的部落。可誰也沒想到，札木合對乞顏部恨之入骨，非要把他們趕盡殺絕。他竟然下令架起七十口大鍋，把這些俘虜都活活煮死了。

這一下，不僅蒙古其他各部很心寒，連札木合自己手下的人也都覺得太殘忍了，他們紛紛離開札木合，投奔更加講道理的鐵木真。結果鐵木真反而因禍得福，勢力很快重新壯大了起來。

這樣，札木合對鐵木真更不放心了，又開始準備與他作戰。1201年，那些和鐵木真有仇的部落聯合起來，一起擁立札木合為古爾汗（大汗），發兵攻打鐵木真。這場戰事叫「闊亦田之戰」，也是鐵木真與札木合的最後一戰。這回，鐵木真終於打敗了札木合。

在不斷強大的過程中，鐵木真和自己義父的關係也開始惡化了起來。這時候義父脫斡鄰勒已經從金國那裏得到了「王汗」的稱號。和札木合一樣，脫斡鄰勒也認為鐵木真是一個巨大的威脅，於是對他發起了進攻。鐵木真措手不及，吃了敗仗，他的部下全都潰散了，只剩下一小隊人馬跟着他退到了班朱泥河（今克魯倫河下游）附近。

這一帶荒無人煙，沒有食物和水。所幸遇到了幾匹野馬，他們便獵殺野馬當食物，又打來渾濁的河水，等泥沙沉澱下去再喝。大家是不是會覺得，這也太慘了？一般人處在這樣的情況下，估計早就灰心喪氣了。可鐵木真不是一般人，他仍然鬥志昂揚，還向着天空舉起手，對依然追隨自己的手下們說：「等我以後成就大業，要和大家一起同甘共苦。如果違背誓言，就跟這河水一樣！」大家聽了都很受鼓舞，和他一同飲下了河水。

後來，鐵木真一面向脫斡鄰勒求和，一面召集那些潰散的部眾，實力慢慢恢復起來。脫斡鄰勒卻以為鐵木真再也不可能對抗自己，徹底放鬆

了警惕，整天舉辦宴會，飲酒作樂。鐵木真偷偷帶兵包圍了脫斡鄰勒的駐地，然後突然發起進攻，經過三天激戰，擊敗了脫斡鄰勒的軍隊，佔領了他的金帳。脫斡鄰勒倉皇逃跑，途中被乃蠻人殺死。

從此以後，鐵木真成為草原上最強大的首領。1204 年，他又親自率領大軍攻打乃蠻部，殺死了乃蠻部的首領。其他部落的首領看到鐵木真這麼厲害，再也不敢跟他作對，逃的逃，歸附的歸附。

1206 年，各蒙古部落在斡難河舉行盛大的聚會，鐵木真被推舉為全蒙古的大汗，並得到了一個大家都非常熟悉的尊號——成吉思汗。

知識加油站 文化

蘇魯錠長矛

　　蘇魯錠在蒙語中是矛的意思。據說，鐵木真出生時，手中握有一塊胎血，他父親分開他的小手後發現，胎血是一個兩頭尖尖的菱形。於是，蒙古族人便都說鐵木真手握着「蘇魯錠」出生，是上蒼派來拯救蒙古族的英雄。

　　後來，鐵木真成為成吉思汗後，他的手下耶律楚材命能工巧匠按胎血的形狀打造了一個標誌物，取名為蘇魯錠，設在成吉思汗金帳的頂部，並作為蒙古軍隊的軍旗和軍徽圖案。從此，蘇魯錠便成了蒙古權力的象徵和戰神的標誌。

當時的世界

　　1204 年，歐洲剛剛經歷完第四次「十字軍東征」。這次東征，十字軍攻克了同由基督教君主統治的君士坦丁堡。1206 年，鐵木真建立大蒙古國，被尊為成吉思汗。

成吉思汗西征

改變計劃的遠征 ·············

統一蒙古草原後，成吉思汗更加雄心勃勃，立志要征服更加廣袤（mào，粵音貿）的領土，草原南面的金國和西夏便成了他的目標。正當他率領蒙古騎兵與西夏、金國作戰時，一次本來應該正常的通商改變了他的計劃。

1218 年，一支四五百人的商隊帶着五百頭駱駝、大批的金銀珠寶和草原的皮毛等商品出發了。他們都是蒙古的商人，奉成吉思汗的命令，正要前往花剌（là，粵音啦）子模做生意。

花剌子模是當時中亞最強大的國家。國王摩訶末是個戰爭狂人，他不斷擴張領土，控制了今天的烏茲別克、阿富汗、伊朗等很多地區，建立了一個廣大的帝國。後來，他派使者出使蒙古，想了解一下蒙古的情況。成吉思汗知道花剌子模很強大，熱情地招待了這些使者，還表示願意和花剌子模做生意，之後就向那裏派出了商隊。

然而，接下來發生的事情誰也沒料到。蒙古商隊走到花剌子模的訛答剌城（今哈薩克）的時候，那裏的守將看到蒙古人帶的財物很豐厚，就起了賊心，把整個商隊的人都殺了，霸佔了那些財物。

商隊裏有一個趕駱駝的人死裏逃生回到蒙古，向成吉思汗報告了這件事。成吉思汗一聽，勃然大怒。不過這時蒙古人正在和金國、西夏作戰，抽調不出太多兵力，於是成吉思汗強壓怒火，派了三個使者去花剌子模要個說法。

　　使者見到花剌子模國王摩訶末，要求交出殺死蒙古商人的主謀。摩訶末乾脆又殺掉了三名蒙古使者中的正使，剃掉兩位副使的鬍鬚，把他們趕回了蒙古。古代男人非常看重自己的鬍鬚，認為鬍鬚越長越密，越有男子氣概，所以才有「美髯（rán，粵音嚴）公」這種說法。摩訶末卻故意剃掉他們的鬍子，用這種方式來羞辱他們。

　　兩位副使回到蒙古，成吉思汗看到他們光禿禿的下巴，氣得七竅生煙：這哪是刮他們的鬍子？這是打自己的臉啊。成吉思汗氣得跑到附近的一座山上，跪在地上不吃不喝，向上天禱告了三日三夜，然後下定決心對花剌子模發動戰爭。

1219 年，成吉思汗帶領他的四個兒子和二十萬蒙古大軍，向遙遠的花剌子模進發。

蒙古軍隊來勢洶洶，摩訶末卻一點都不慌。他覺得蒙古騎兵確實不少，但卻是遠道而來，戰士肯定疲憊（bèi，粵音敗）不堪，缺衣少食，哪有甚麼戰鬥力？自己坐擁四十萬大軍，武器精良，糧食充足，戰士們吃得飽睡得暖，又是主場作戰，打敗蒙古騎兵綽綽有餘。

可是，摩訶末一來不了解成吉思汗的軍事才能，二來沒和游牧民族打過仗，所以忽略了一個非常重要的問題——蒙古騎兵根本不缺吃的，相反還吃得不錯。每當行軍打仗前，他們總會殺掉草原上的牛羊，製成肉乾，作為路上的食物。肉乾方便攜帶，又有營養，保質期還長，士兵們連生火做飯都省了，怎麼會斷糧？

蒙古大軍長驅直入，第一個進攻目標就是訛答剌城，也就是蒙古商隊遇害的地方，守城的還是那個將領。摩訶末猜到成吉思汗會先進攻這裏，提前派了五萬軍隊增援，並讓人加固了城牆，把城牆修得更加結實。

蒙古大軍以守軍沒有料到的速度兵臨城下。大批全副武裝的蒙古騎兵從四面八方湧來，殺氣騰騰地開始進攻訛答剌城，但一時間沒有攻破。成吉思汗留下次子察合台和三子窩闊台繼續進攻，自己則兵分三路，進攻花剌子模的其他城池。

訛答剌城的守軍雖然打退了幾次蒙古軍隊的進攻，但心裏都清楚他們根本抵抗不了多久，軍隊裏人心開始渙散，大家整天戰戰兢兢，連覺都睡不好。幾個月後，蒙古軍隊攻克了訛答剌城，殺掉了守將，並在城裏大肆燒殺搶掠，很多無辜的百姓都被屠殺。

在接下來的戰爭中，蒙古軍隊勢如破竹，佔領了花剌子模很多領土，最後攻克了花剌子模的首都撒馬爾罕。在這個過程中，成吉思汗放任蒙古軍隊屠城，行徑十分殘忍，不管是士兵還是普通百姓，統統殺掉了事，有時連城中的貓狗都不放過。國王摩訶末逃之夭夭，最後逃到裏海的一座小島上，在那裏病死。

摩訶末死後，他的兒子札蘭丁集結殘兵，繼續抵抗，也發起了幾次有效的反擊，但最終還是無力回天。花剌子模國徹底滅亡，成吉思汗成功地把大蒙古國的領土拓展到了中亞。

花剌子模

　　花剌子模國擁有當時世界上最先進的金屬鍛造技術，他們生產的刀劍都是他人眼中的「神兵利器」。蒙古人在征服花剌子模的過程中，抓獲了很多花剌子模工匠，得到了他們鑄造兵器的技術。從此之後，蒙古人的兵器更加厲害了。

▲花剌子模銀幣

當時的世界

　　1219 年，成吉思汗率軍攻打花剌子模。1220 年，腓特烈二世加冕為神聖羅馬帝國皇帝。但是他因為反對教宗，被教宗驅逐出了教門，成了一位被驅逐出教門的皇帝，他也因此遭到大批民眾反對。

長春真人西遊記
成吉思汗眼中的「仙人」

　　大家有沒有聽説過《射雕英雄傳》？它是一部非常著名的武俠小説，故事裏面有一位武功高強、行俠仗義的大俠丘處機。這個人物在歷史上確有其人。

　　丘處機生活在南宋時期，從小就十分聰明，記憶力驚人，過目不忘。二十歲時，他拜道教全真派創始人王重陽為師，王重陽給他起了一個道號——長春子。

當時一起追隨王重陽的還有馬鈺（yù，粵音玉）、譚處端、劉處玄等人，合稱為「全真七子」。

在這些弟子當中，丘處機的悟性十分突出，德行也很好。王重陽去世後，他當上了全真教的領袖，一邊講學一邊收徒，成為一代道教宗師，還被人當成了「神仙」。金世宗就曾把他請過去，向他請教長生不老的方法。這也讓他的名氣越來越大。後來金國又邀請他，南宋也想請他，但丘處機都沒有去。再後來，成吉思汗也聽說丘處機有「保養長生之術」，兩次寫信請他前去見面，丘處機也沒有答應。成吉思汗不肯放棄，派自己的親信大臣劉仲祿帶着二十人專門去找他，邀請他與自己見面。

經過半年多的艱苦跋涉和尋訪，劉仲祿終於在山東見到了丘處機。丘處機考慮到人家大老遠找過來挺不容易，況且他也聽說了成吉思汗是草原上的英雄，想給他一些治國的忠告，終於決定跟着劉仲祿啟程去見成吉思汗。這一年，丘處機已經年過七十。

劉仲祿之前是從金中都——燕京出發的，丘處機跟着劉仲祿回到這裏，才得知成吉思汗已經帶軍隊西征去了。要知道，古代沒有先進的交

通、通訊手段，打起仗來經常是長年累月，不是一年兩年就能結束的。丘處機撲了空，本來打算原路返回，但劉仲祿再三請求，成吉思汗也再次寫信邀請他。丘處機心一橫，便帶着徒弟們，和劉仲祿一起踏上了茫茫的西行之路。

前面大家讀到過很多古代旅行者的故事，張騫（qiān，粵音軒）、玄奘（zàng，粵音狀）、鑒真……應該知道他們有多艱苦。丘處機這次西行也不例外。他們一路上風餐露宿，經常受到沙塵暴、流沙的襲擾。有時候車子陷到流沙裏，想前進一步都很困難。可即使在這樣艱苦的環境下，他們始終沒有退縮，仍然穿越了高原、大漠，用驚人的毅力走了三萬多里路，用了將近兩年時間，終於在 1222 年抵達了成吉思汗所在的「大雪山」（今阿富汗興都庫什山）。

丘處機來到成吉思汗的軍營，發現很多士兵都生病了。他一打聽才知道，原來蒙古軍隊裏的衛生條件極差，士兵們基本都不洗澡洗衣服，全身都髒兮兮的，還經常跟死人接觸，一來二去，疾病就流行起來了。

好不容易見到了丘處機，成吉思汗非常高興，立刻問他有沒有長生不老的方法。丘處機很坦白地回答說：「我有衛生之道，無長生之藥。」談起了軍隊中疾病流行的原因，並建議讓士兵經常洗澡洗衣服。成吉思汗聽了深以為然，下令讓士兵們嚴格照辦。這樣，軍隊中的疾病蔓延情況很快就好轉了，成吉思汗也對丘處機更加信任了。

丘處機在軍營裏住了下來。成吉思汗曾經多次找他談話，向他請教延年益壽和治理國家的建議。丘處機告訴他：要想統一天下，必定不能嗜好屠殺；要想江山穩固，一定要愛護民眾。具體做起來就是，一要減少屠殺，上天有好生之德，作為統治者要敬奉上天，愛護民眾。天天屠城，殺那麼多百姓，老天爺不會讓你活得太久。二要清心寡慾，不要有那麼多慾望，一個人整天想着怎麼征服四方，實在太費心神和精氣，命怎麼可能會長久呢？

不得不說，丘處機不嗜殺、仁慈治天下的思想還是對成吉思汗有影響的。從那之後，成吉思汗在戰爭中沒有再像之前那樣經常屠城，保住了很多普通百姓的性命。這樣來看，丘處機這次西行真是來得太對了！而成吉

思汗也被丘處機的人格魅力所感染,對他非常敬仰,尊稱他為「神仙」。

在軍營裏住了一年多後,丘處機覺得自己的使命完成了,於是向成吉思汗告別,準備返回中原,成吉思汗派人專門護送他。丘處機走到一半的時候,成吉思汗又寫了一封信問候丘處機,看他在路上吃得好不好,睡得暖不暖,順帶表達了自己對丘處機的思念和敬仰之情。

回到中原後,丘處機年紀已經很大了,身體也不好,最終在 1227 年因病去世,享年八十歲。後來,跟着他一起西行的弟子李志常根據一路上的所見所聞,寫了《長春真人西遊記》這本書,裏面就記載了丘處機和成吉思汗會面的故事。歷史上的丘處機雖然不像小說中那樣武功高強,但卻更加心懷天下,更值得我們尊重。

知識加油站 文學

《長春真人西遊記》

長春真人丘處機曾帶着十八名弟子遠赴西域,勸說成吉思汗止殺愛民。後來他們回到中原,作為西行弟子之一的李志常根據一路上的所見所聞,寫成《長春真人西遊記》一書。這本書主要記述了丘處機的生平以及他們西行途中的山川和風俗人情,是研究十三世紀漠北、西域史地及全真教歷史的重要資料。

蒙古滅金

一場曠日持久的戰爭

　　滅亡花剌子模國之前，成吉思汗已經開始攻打金國了。上一冊我們說過，金國是女真人建立的國家，起初在今天的東北地區，後來不斷向南擴張。最強盛的時候，金國的領土包括了今天的東北三省、山東、河北、內蒙古中東部甚至山西、陝西、河南的部分地區。金國曾經滅亡北宋，俘虜了北宋的兩位皇帝。

　　成吉思汗很早就和金國結下了樑子。蒙古統一之前，各部落都臣服於金國，不僅每年都要向金國繳納大量的貢品，還要滿足金國皇帝一些非常無禮的要求。更恐怖的是，金國皇帝為了壓制蒙古部落的發展，每年都會派人有組織、有計劃地屠殺蒙古人，成吉思汗的祖先俺（yàn，粵音厭）巴孩汗就死於金國人手中。

　　成吉思汗統一蒙古後，實力大大增強，但他並沒有直接攻打金國，而是韜光養晦，積聚實力。他還親自到金國去進貢，金國派王爺完顏永濟

來接待他。這個完顏永濟是一個「瞌睡蟲」，等待成吉思汗覲（jìn，粵音僅）見的時候，居然瞇着眼睡着了，這使得成吉思汗十分看不起他。按當時的禮節，蒙古首領在進貢時要行跪拜之禮，但成吉思汗不肯跪拜，只是向他微微鞠躬，同時大聲喊道：「蒙古可汗參見王爺。」

這一喊驚醒了完顏永濟，他迷迷糊糊地説：「平身吧。」還是他手下的人告訴他説：「成吉思汗根本沒下跪！」這可惹怒了完顏永濟，成吉思汗回去後，完顏永濟就鼓動當時的皇帝金章宗攻打蒙古，但金章宗沒有同意。

後來金章宗去世，他沒有兒子，完顏永濟登上了皇位。他派使者去蒙古宣佈這個消息，要求成吉思汗下跪接旨。成吉思汗一聽説是完顏永濟當上了皇帝，輕蔑地一笑，然後向南方吐了一口唾沫説：「我以為金國的皇帝都是天上的使者呢，原來是這個廢物，有甚麼好拜的？」説完就騎上馬離開了。

完顏永濟覺得受到了羞辱，決定攻打蒙古泄憤。成吉思汗提前得知這個消息，便先下手為強，以為祖先報仇為名，親自率領十萬大軍南下，向金國發起了進攻。

聽到成吉思汗南下的消息後，完顏永濟這才開始部署防禦，他派大將獨吉思忠去抵禦蒙古軍隊。獨吉思忠沒甚麼謀略，他到任後甚麼都沒做，只是動用大量人力去修築一條三百公里長的界壕。獨吉思忠沒想到的是，這條界壕完全沒用，蒙古騎兵一下就攻破界壕，越過邊境，把金軍駐守的那些要塞逐個拿下了。

完顏永濟一看不好，撤掉了獨吉思忠，又換上完顏承裕做主帥。完顏承裕的才能和獨吉思忠半斤八兩，膽子還很小。此時金軍人數多達四十五萬，比蒙古軍隊多近四倍，可完顏承裕看到蒙古騎兵戰鬥力這麼強，居然不敢應戰，直接放棄了好幾座城池，一直退到野狐嶺一帶（今河北省張家口市萬全區）。他覺得這裏地形險要、易守難攻，再加上金軍人數又多，肯定能守住，於是派兵分別據守在險要的地方。

完顏承裕以為這樣的安排萬無一失，可是成吉思汗早看出金軍的問題了——他

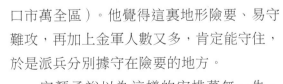

們的力量太分散，並且不利於相互支援，一旦一個地方失守，其他地方的守軍就派不上用場了。看準這點，成吉思汗集中兵力，向其中一處發起進攻，果然把金軍打得大敗。其他地方的金軍又趕不過來，只能乾着急。完顏承裕一看大事不妙，把士兵丟下自己逃跑了。後來，他又集結了數萬人的軍隊，仍然打不過成吉思汗。

野狐嶺一戰中，成吉思汗以少勝多，擊敗了金軍。隨後他乘勝追擊，攻下了宣化（今河北省宣化區），這裏距離金國中都燕京只有四百多里。很快，成吉思汗就率軍來到中都城下。他看到這裏的城牆非常堅固，易守難攻，駐守的金軍人數也很多，很難打下來，就暫時放棄進攻，撤回了草原。

1212 年，成吉思汗再次南下攻打金國，佔領了很多金國的領土，完顏永濟嚇得躲在中都城裏，連門都不敢出。蒙古軍隊再次逼近中都城，將領們都勸成吉思汗立刻攻城，成吉思汗還是覺得燕京城太堅固了，依然沒有貿然行動。

剛巧這時候，燕京城內發生了政變，大將胡沙虎殺掉了完顏永濟，改立完顏珣（xún，粵音詢）為帝，也就是金宣宗。金宣宗一即位，立刻向成吉思汗求和，給他送去很多金銀珠寶。成吉思汗覺得這時候滅金的條件還不成熟，便收下財物，又撤回了草原。金宣宗這才鬆了一口氣。他覺得中都太靠北，離蒙古人太近，於是把都城遷到了開封，也就是原來北宋的國都，認為這樣更安全。

這樣一來，金國的兵力都集中到了開封，中都的防禦就變薄弱了。成吉思汗當然不會放過這個機會。1215 年，他帶着蒙古軍隊又殺了回來，這回輕而易舉地攻佔了中都，同時也擁有了南下最好的基地。此後，蒙古以中都為據點，不斷進攻金國。這期間，成吉思汗曾經把進攻的矛頭轉向西面，於是有了上節提到的進攻花剌子模的戰爭。

西征結束後，成吉思汗又去攻打西夏，但在圍攻西夏都城的最後時刻，他卻得了重病。成吉思汗知道自己很快就要死了，但心裏還想着滅金的事，於是在病牀上對部下們說：「我們攻打金國，要向宋朝借路。宋朝和金國冤仇很深，一定會答應我們。」

成吉思汗去世後，他的兒子窩闊台繼承了汗位，先是滅了西夏，又和宋朝聯合，回過頭來進攻金國。1230 年，窩闊台率領大軍渡過黃河，又佔領了金國的大片領土，連開封都攻了下來。這時的金國皇帝金哀宗被打得東躲西逃，最後自殺身亡，曾經稱霸一時的金國滅亡了。經過幾代人的努力，蒙古終於消滅了這個強大的對手。這時候，成吉思汗去世已經有七年了。

成吉思汗召見耶律楚材

　　成吉思汗攻下金中都後，召見了城中一個非常有才能的人，並且把這個人留在自己身邊。

　　這個人叫耶律楚材，出身契丹貴族，從小聰明好學，年紀輕輕就滿腹經綸。他最初在金朝做官，後來轉投到成吉思汗帳下，經常為成吉思汗出謀劃策，為蒙古立下了不少功勞。

　　成吉思汗死後，耶律楚材繼續輔佐他的繼承者，還提出學習漢人的文化、制度，改變了蒙古貴族將攻下的城池變為牧場的想法。他還堅決反對屠城這種野蠻的行徑，在蒙古滅金的過程中挽救了很多人的性命。

當時的世界

　　1215 年，成吉思汗攻佔了金中都（今北京市）。英國貴族迫使英國國王簽署《大憲章》。它的簽署使國王被置於法律約束之下，這也是英國憲法的起點。

蒙古四大汗國
一個超級大帝國的誕生 ·················

　　大家打開世界地圖，可以看到如今世界上面積最大的國家是俄羅斯，然而人類歷史上曾經有一個帝國，面積比俄羅斯還要廣大。它就是蒙古帝國，比俄羅斯的面積幾乎還要大上一倍，大半個歐亞大陸都在它的統治之下。生活在當時的蒙古帝國，想要從最東邊去到最西邊，至少要走好幾年。

　　不過，這個空前廣大的帝國並不是完整的一塊，而是分為四個「汗國」，它們的由來得從成吉思汗說起。前面講過，成吉思汗經過不斷的征服和擴張，攻佔了大片的土地。成吉思汗年紀大了之後，開始考慮繼承人的問題。蒙古的規矩不像漢人，不是只有長子才能當繼承人，而是誰最優秀誰來當。成吉思汗共有四個嫡子：敦厚老實的老大朮赤，性情暴躁的老二察合台，聰明睿智的老三窩闊台，身手不凡的老四拖雷。

　　俗話說，虎父無犬子，四個兒子年紀輕輕就跟着父親到處打仗，個個能征善戰，選誰來當繼承人呢？

　　老大朮赤與老二察合台關係一直不好，他倆無論選誰都會引起爭端，所以成吉思汗先把這兩個兒子排除了。老四拖雷打仗厲害，但不如老三有謀略，於是，成吉思汗決定選足智多謀的窩闊台當繼承人。

　　他怕其他三個兒子不服，特意給他們講了一個「多頭蛇」的故事：冬天來了，蛇要鑽進洞裏過冬，其他的

蛇都只有一個頭，很順利地鑽進洞裏，但有一條多頭蛇，牠的每個蛇頭都想先鑽進洞裏，互不相讓，結果都沒鑽進去，最後被凍死了。四個兒子聽了這個故事，都明白父親的意思，表示服從他的安排。

可是，成吉思汗去世後，他的兒子們還是開始了爭權奪利。按照蒙古的習俗，窩闊台想要繼承汗位，還需要召開一次大會，取得蒙古貴族和將帥的認可。但他的三個兄弟此時卻趁機搞起了亂，窩闊台經過好一番明爭暗鬥才當上了大汗，把他的兄弟們各自分封了出去。後來，這些兄弟們的汗位一代代傳下去，最終發展成四大汗國──欽察汗國（金帳汗國）、察合台汗國、窩闊台汗國和伊利汗國（伊兒汗國）。再後來，四大汗國又從蒙古帝國中獨立了出去。

先說欽察汗國，它是成吉思汗長子朮赤的封地，也是四大汗國之首，位於蒙古帝國的西北部，領土包括今天的鹹海和裏海北部、俄羅斯和東歐部分地區。最初，欽察汗國的面積並不大。成吉思汗西征的時候，把花剌子模的故地和寬田吉思海（今裏海）以北的欽察故地封給了朮赤。西征結束後，朮赤得知窩闊台被立為帝國的繼承人，乾脆沒有返回蒙古本部，而是直接撤回到自己的封地。1225 年，朮赤去世，他的二兒子拔都繼承了他的封地。

拔都也是個野心勃勃的統治者，為了擴大自己的領土，他向西攻打今天的俄羅斯地區。當時的俄羅斯和之前的蒙古差不多，也是小國林立、四分五裂。這些小國實力又弱，也不團結，拔都一個個征服了它們，最後把整個俄羅斯都納入欽察汗國的領土。俄羅斯的貴族們想要獲得合法的權力，都必須得到欽察汗國汗的冊封。

即使佔領了整個俄羅斯，拔都的胃口仍然沒有得到滿足，他又率領大軍佔領了今天的波蘭、匈牙利等地，建立起龐大的欽察汗國，一直到十六世紀才被新興的莫斯科公國吞併。

其次是察合台汗國，大致位於今天的新疆一帶，它的統治者是成吉思汗的次子察合台。察合台脾氣不好，一直以來和大哥朮赤的關係不怎麼樣，倒是和成為蒙古大汗的窩闊台非常親密。在蒙古大汗的支持下，察合台汗國的領土不斷擴張。後來，察合台汗國又分裂為東西兩個汗國，其中西察合台汗國形成了帖木兒帝國，東察合台汗國分裂後被準噶（gá，粵音嘉）爾汗國取代。

再次是窩闊台汗國，大家看到這個國名，或許會以為這就是窩闊台的汗國。其實不是，它是由窩闊台的孫子海都建立的。窩闊台繼承的是蒙古帝國的汗位，他並不需要再建立自己的汗國。窩闊台在位期間繼承了父親成吉思汗的事業，帶兵東征西討，尤其是消滅了宿敵金國，在歐亞大陸上稱霸一方。後來他的兒子貴由接任了汗位。不過貴由身體不好，沒過幾年就死了，蒙古帝國又陷入爭奪汗位的混亂中。最後，成吉思汗四兒子拖雷的兒子蒙哥得到了汗位。

這下，窩闊台的子孫們可就尷尬了，蒙古大汗的位子丟了，他們又

沒有自己的汗國，一時十分落魄。不過，窩闊台的孫子海都很有能力，他趁亂佔領了今天哈薩克的一片土地，建立了屬於自己的汗國——窩闊台汗國，勢力逐漸強大，還一度把察合台汗國吞併為附庸。窩闊台的子孫們本來能當蒙古帝國的大汗，現在卻只能待在這麼偏遠的地方當一個「小汗」，他們當然很不服氣。所以，窩闊台汗國一直不太服從蒙古帝國的領導，經常內鬥，給蒙古帝國搗亂，造成了蒙古帝國的內亂和分裂。

最後是伊利汗國，它是拖雷的三兒子旭烈兀建立的。在拖雷的大兒子蒙哥爭奪蒙古汗位的時候，旭烈兀曾力挺自己的哥哥，給了他很大的支持，所以蒙哥繼承汗位之後也重用了旭烈兀。1252 年，旭烈兀奉命開啟蒙古帝國的第三次西征，攻打波斯，並將西征佔領地區變成了自己的領地。後來蒙哥病重，蒙古發生了內亂，旭烈兀不想參與其中，就留在西亞，建立了一個新的汗國——伊利汗國。它的疆域非常遼闊，北至高加索山脈，南達波斯灣。直到十四世紀末，伊利汗國才被興起的帖木兒帝國滅亡。

四大汗國都和蒙古帝國有着千絲萬縷的聯繫，照理説，它們都屬於蒙古帝國，應該統一接受蒙古大汗的領導。但實際上，它們之間一點也不團結，經常互相攻打，有時候還和蒙古大汗作對。後來元朝建立，四大汗國都稱元朝皇帝為大汗，相當於元朝的宗室力量。但實際上，它們已經處於獨立發展的狀態，最後相繼滅亡。龐大的蒙古帝國也就像流星一樣，消失在人類歷史的天空中。

知識加油站 文化

蒙古帝國的面積

　　蒙古帝國最強盛時，領土面積達到驚人的 3,300 萬平方公里，人口有一億多。而今天世界上面積最大的國家俄羅斯，其領土面積不過約 1,700 萬平方公里，差不多相當於當年蒙古帝國面積的一半。

兄弟爭位

黃金家族的「遺產」
爭奪戰

　　前面講過，蒙古帝國經歷了成
吉思汗、窩闊台、貴由之後，汗位轉
到了蒙哥手裏。他的父親是成吉思汗的四
子拖雷，母親叫唆魯禾帖尼。唆魯禾帖尼共有
四個兒子，蒙哥是長子，其他三個兒子分別
是忽必烈、旭烈兀、阿里不哥。有趣的
是她的四個兒子都做過大汗，所以唆魯
禾帖尼也被稱為蒙古歷史上的「四帝
之母」。

　　蒙古的歷任大汗都有一個共同愛好：
瘋狂擴張領土。蒙哥也不例外，之前窩闊台
滅了金國，如今蒙哥又把進攻目標對準了南方的
宋朝，親自領兵南下。沒想到在攻打合州（今重慶市合川區）的時候，蒙
哥被宋朝的守軍用投石機打中，不久便去世了。這下，蒙古的貴族們又要
開始爭奪汗位了。

　　當時蒙哥的三個弟弟裏，旭烈兀在遙遠的西征途中，距離太遠趕不回
來，忽必烈在攻打南宋，最方便爭奪汗位的是阿里不哥。他當時就在蒙古
首都和林（今內蒙古自治區呼和浩特市和林縣），聽説兄長戰死，他馬上
奪取了蒙古的大權，把朝廷的官員全換成自己的心腹。為了防止忽必烈回
來和自己搶大汗的位子，他還派兵守住了南宋通往蒙古的交通要道。

　　表面上看，阿里不哥做好這一切之後，大汗的位子該坐穩了，可他心
裏仍然不踏實，因為他知道，自己的哥哥忽必烈絕不是好對付的。

　　拖雷的幾個兒子裏，忽必烈不僅能征慣戰，還非常親近漢文化。他的
王府聚集了一大批漢人知識分子做幕僚。蒙哥即位後，知道弟弟這方面的

特長，就讓他負責總領漢南漢地的事務。忽必烈不僅繼續任用大批漢人，還提出了行漢法的主張。

蒙哥去世時，忽必烈正在攻打湖北的鄂（è，粵音岳）州，每天在前線打得熱火朝天。得知蒙哥去世的消息後，他也意識到這是爭奪汗位的最好時機。起初，他還想拿下鄂州再回去，說：「我奉命南征，怎麼能沒立功就撤兵呢？」可這時宋軍援軍到了，他一時半刻拿不下鄂州。正好宋朝的丞相賈似道派人來議和，他便匆匆和宋朝議和，掉頭回蒙古爭奪汗位，宋朝暫時算是可以喘口氣了。

忽必烈很快就得知阿里不哥防備自己的種種手段，也明白形勢對自己非常不利：不管阿里不哥是不是合法即位，他已經控制了都城，滿朝大臣也都是他的人。這種情況下，自己只能孤注一擲。他想出一手絕招——派人「劫」了兄長蒙哥的靈車，還搶走了大汗寶璽（xǐ，粵音徙），然後在自己的領地開平（後稱上都，今內蒙古自治區錫林郭勒盟）舉行大會，在手下的「推舉」下，宣佈自己繼承汗位，還發佈了稱帝的即位詔書——《皇帝登寶位詔》，在詔書中自稱為「朕」，稱蒙哥為「先皇」。

忽必烈這一手非常絕，阿里不哥猝不及防，沒想到還有這種不按套路出牌的做法。但他心想，不就是開會嗎？我也能開！趕緊也舉行了一次大會，他手下也擁立他為大汗。這樣一來，蒙古出現了一南一北兩個大汗，其他四大汗國也紛紛站隊，支持自己心中的大汗。誰都知道，一山不容二虎，兩位大汗之間的戰爭是在所難免了。

阿里不哥率先發起進攻。忽必烈這麼多年一直南征北戰，戰鬥經驗非常豐富，阿里不哥卻一直待在蒙古老家，論帶兵打仗完全不是哥哥的對手。結果忽必烈不僅打敗了前來進攻的軍隊，還在之後擊潰了阿里不哥的主力，佔領了和林。

阿里不哥趕緊撒腿跑路，逃跑途中他假意向忽必烈求和，想用緩兵之計贏得喘息的時間。忽必烈考慮到這時自己的統治還不夠穩固，也沒有足夠的實力徹底消滅弟弟，於是同意了求和，率領軍隊返回上都去了。

阿里不哥當然不會放棄當大汗的野心，他稍微恢復了一點元氣，就又率軍隊打了回來，重新佔領了和林。忽必烈沒辦法，只好再次領兵攻打

阿里不哥。雙方你來我往，打得好不熱鬧，一時間誰也消滅不了誰。巧的是，阿里不哥那邊發生內訌，力量遭到嚴重削弱，軍心渙散。無奈之下，他只好向忽必烈投降了。

忽必烈贏得了汗位之爭的勝利，順利當上大汗。他對漢文化非常推崇，就把首都搬到了燕京（今北京市），還仿效中原王朝的做法，定國號為「元」，建立了元朝。忽必烈就是元朝歷史上第一位皇帝，被稱為元世祖。

從此，蒙古帝國開始以元的名號出現在中國歷史上。後面我們會講到忽必烈出兵消滅宋朝、統一全國的故事。請大家記住，雖然成吉思汗在歷史上非常出名，但建立元朝的並不是他，而是他的孫子忽必烈。

元朝的國號是甚麼意思？

元朝為甚麼要叫元朝，這個「元」究竟是甚麼意思呢？其實，元字出自《易經》中的「大哉乾元」一詞，元意思就是大、極大、開始。而元朝，也確實成為一個極大的國家，它的領土比中國歷史上任何一個朝代都要廣大。

當時的世界

1271 年，忽必烈建立元朝。額我略十世當選為教宗。他在位期間，促成了魯道夫一世即神聖羅馬帝國皇帝位，從而避免了神聖羅馬帝國的分裂。

襄樊之戰

堅守五年的「大門」

　　忽必烈建立元朝之後，就又開始考慮攻打南宋的事情了。他接受了從南宋投降過來的大將劉整的建議，把主攻目標選在了襄陽。大家可以打開中國地圖，先在地圖上找到湖北省，然後找到襄陽市，你會發現，襄陽市

位於漢水中游，距離長江非常近。從北方打過來的蒙古人如果拿下這裏，就可以坐船從漢水進入長江，然後順江而下，直取南宋都城臨安。所以對蒙古人來說，襄陽是必須拿下的；而宋軍則必須守住這裏，否則處境就危險了。

於是，忽必烈便派阿朮為主帥，劉整為副帥，攻打襄陽。不過，大家都知道蒙古騎兵擅長的是陸地戰，而這次則是水戰，還需要攻城，這都是他們的弱項。因此忽必烈很早就開始了準備，他提前建造了大量戰船，並訓練起元朝水軍。

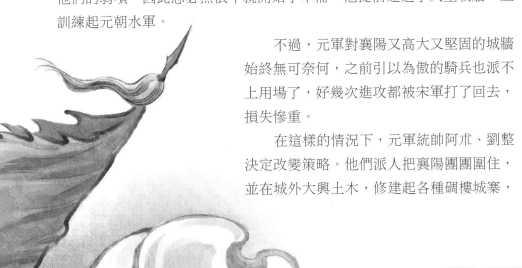

不過，元軍對襄陽又高大又堅固的城牆始終無可奈何，之前引以為傲的騎兵也派不上用場了，好幾次進攻都被宋軍打了回去，損失慘重。

在這樣的情況下，元軍統帥阿朮、劉整決定改變策略。他們派人把襄陽團團圍住，並在城外大興土木，修建起各種碉樓城寨，

想隔斷襄陽和外界的聯繫，把裏面的人活活餓死。阿朮、劉整一直等着宋軍糧食耗盡後主動投降，可等來等去也沒等到，雙方打打停停，一直沒甚麼進展。原來，宋軍在開戰前就在城裏貯存了大量糧食。戰爭開始後，全城軍民上下一心，省吃儉用，勒緊褲腰帶過日子，一直堅持了五年。

這讓元軍非常惱火。這時，一名將領出了個主意：樊城和襄陽就像牛的兩隻角，可以互相倚仗和支援，所以襄陽才一直攻不下來。既然這樣，不如先打旁邊的樊城，回頭再收拾襄陽。

阿朮、劉整覺得很有道理，馬上改變進攻目標，命軍隊去攻打樊城。為了盡快攻下樊城，元軍還專門從西域運來了「回回炮」。這是一種威力巨大的投石機，可以發射一百多斤的大石頭，射程也很遠。有了它，就可以在很遠的地方破壞對方的城牆。

經過一番猛烈的進攻，樊城的城牆遭到破壞，元軍趁機爭前恐後地往前衝。但襄陽的守軍發現了元軍的企圖，趕忙從兩城之間水面搭起的浮橋上趕過來支援樊城。一時間，宋軍萬箭齊發，往城下扔了數不清的飛石。元軍被打得頭都抬不起來，每前進一步都要付出巨大的代價，城下堆滿了元兵的屍體。

此時，阿朮、劉整意識到，要想取得勝利，就必須切斷兩座城之間的聯繫，把襄陽和樊城之間的浮橋毀掉。於是，他們集中兵力進攻那座浮橋，並派出精通水性的士兵潛入水中，砍斷木料和鐵索，終於一把火燒燬了浮橋。就這樣，樊城與襄陽失去了聯繫，變成兩座孤城。隨後元軍從三面向樊城發起總攻，打敗宋軍，佔領了樊城。

樊城被攻克後，元軍馬上把回回炮轉移到襄陽城外，襄陽也危在旦夕。這時候大家可能會奇怪了，宋朝的皇帝到底在做甚麼？襄陽和樊城都被圍了這麼久，為甚麼不派兵來救援呢？其實，襄陽的守將向朝廷求援了很多次了，可是宋朝當時的宰相賈似道是一個大奸臣，根本沒有把消息告訴皇帝，因此宋朝皇帝甚麼都不知道。後來，還是一個宮女把實情告訴了皇帝。皇帝大吃一驚，這才趕緊命令賈似道想辦法增援襄陽。而賈似道做的第一件事情，竟然是把那個宮女給殺了。

最後南宋朝廷還是派出軍隊去增援了。但面對元軍的封鎖，他們根本

無法靠近襄陽。很快，襄陽的糧食、食鹽、衣服和柴火幾乎都斷絕了。在寒冷的冬天裏，一些老百姓為了取暖，只能把房屋拆了當柴燒。襄陽的守將每每登上城樓巡視，總是忍不住望着南方失聲痛哭。

最終，把守襄陽的呂文煥知道堅持不了多久，也不會再有援軍來了，便在元軍說客的勸說下，開城向元軍投降了，襄陽失守。

襄陽的陷落就像是把守南宋的大門被徹底拆除，從此，元軍可以肆無忌憚地隨意進出，忽必烈統一全國的夢想也即將成為現實。

知識加油站 軍事

回回炮

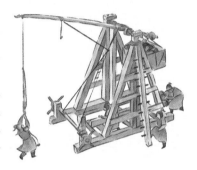

回回炮又叫西域炮，是西域人阿老瓦丁和亦思馬因在古代投石機的基礎上改進製作而成。這是一種威力巨大的投石機，可以發射一百多斤的大石頭，射程也很遠，主要用於古代戰爭中的攻守。在「襄樊之戰」中，元軍調來回回炮用於攻城，並最終取得勝利。

當時的世界

1272 年，號稱「長腿」的英格蘭國王愛德華一世即位，從而拉開了征服威爾斯的序幕。1273 年，元軍破襄陽，歷時五年的「襄樊之戰」宣告結束，從而拉開了南宋滅亡的序幕。

文天祥的故事

流傳千古的浩然正氣

　　大家有沒有聽過這兩句詩：「人生自古誰無死，留取丹心照汗青」？

　　寫下這兩句詩的人叫文天祥，他是南宋人，從小既聰明又好學。二十歲那年，文天祥參加了科舉考試，並在殿試中高中狀元，順利進入朝廷當官。

　　這時的南宋朝廷烏煙瘴氣，腐敗混亂，奸臣賈似道把持着朝廷大權。他不分是非，顛倒黑白，很多忠臣良將都遭到陷害。正直的文天祥看不慣這種風氣，經常指責那些奸臣誤國，因此遭到很多人的排擠。他上書給皇帝指責賈似道，結果被免了官。後來在好友的多次推舉下，文天祥才再次被任用，但他依舊沒有向那些奸臣屈服，還是堅守自己的理想和底線。

　　儘管南宋朝廷十分腐敗，文天祥卻依然熱愛自己的國家。1273年，元軍攻破了襄陽，並沿長江順流而下，逼近都城臨安。眼看着國家到了生死存亡的關鍵時刻，文天祥心急如焚。他變賣了自己的全部家產，招兵買馬，組織了一萬多名勇士去保衛都城，準備和元軍拚命。

　　有朋友勸他説：「如今元軍大兵壓境，你一個文官，帶着一些散兵游勇，哪裏是元軍的對手？好比趕着羊羣去跟猛虎鬥，明擺着要失敗，這樣做根本救不了南宋，還是先保全自己再説吧！」文天祥卻非常堅定地説：「在這種危難關頭，如果大家都不站出來，國家就真的完蛋了。我就是要站出來讓天下的仁人志士都看到，聯合更多的人抵抗元軍！」

　　文天祥滿腔熱血地來到臨安。這時候，元軍統帥伯顏已經渡過長江，到了離臨安只有三十里的皋（gāo，粵音高）亭山。南宋朝廷驚慌失措，只好又使出歷代宋朝皇帝的法寶——求和。文天祥和另一位將軍張世傑堅決反對求和，主張拚死抵抗元軍。可是丞相陳宜中説甚麼也不同意，派使者帶着國璽和求降表到元軍那裏求和。沒想到，伯顏卻指定要南宋丞相親自去談判。

　　這下，陳宜中傻眼了，他怕被元軍扣留，乾脆逃到南方去了。其他投降派官員更不敢去元軍大營。張世傑不願求和，氣得帶兵乘船出了海。攝政的謝太后沒辦法，只好讓文天祥接替陳宜中做右丞相，要他到伯顏大營去談判。

　　文天祥知道，自己是被朝廷選出來做擋箭牌的，這次去談判肯定凶多吉少。可他依舊大義凜然地上路了。不僅如此，他見到伯顏之後根本不提求和的事，反而義正詞嚴地把伯顏斥責了一通。伯顏可從沒見過這麼有骨氣的南宋大臣，對文天祥又是生氣又是好奇，還有些敬佩。他果然把文天祥扣留了下來，押解到北方。

　　北上的途中，文天祥趁着元軍不注意，找機會偷偷逃了出去。這時他才得知元軍已經攻破了臨安，南宋的謝太后、皇帝和文武百官都被押送到北方。幸好有兩位小皇子提前逃了出去，他們是九歲的趙昰（shì，粵音是）、六歲的趙昺（bǐng，粵音丙）。陸秀夫、張世傑等大臣找到他們後，就在福州擁立趙昰即位，建立起流亡小朝廷。文天祥聽到這個消息後，一路上忍飢挨餓，同時還要提防元朝的追兵，經歷千辛萬苦，終於趕到了福州。

之後，文天祥帶兵征伐江西。那時，江西的很多百姓已經自發組織起抗元的隊伍，他們聽說文天祥來了，紛紛趕來匯合。文天祥雖然是個文臣，但帶兵打仗一點也不含糊。在軍民的聯合作戰下，他們取得了好幾場勝利。可是很快，元軍就向江西派出大軍，文天祥接連被打敗，撤到了循州（今廣東省龍川縣），一直在這一帶抗擊元軍。不久，投降元軍的南宋叛臣張弘範率元軍殺了過來。有一次，文天祥的隊伍正在吃飯時，張弘範突然包圍過來，發起進攻，文天祥不幸被抓住了。

張弘範把文天祥押到一艘船上，想勸他像自己一樣投降。但文天祥對他不屑一顧，還把他痛罵了一頓。張弘範又叫人拿來筆墨，逼他給流亡的南宋小朝廷寫信，招降張世傑，也被文天祥拒絕了。文天祥路過零丁洋時，面對着浩瀚的海洋，心中萬分悲痛，揮筆寫下《過零丁洋》這首詩：

辛苦遭逢起一經，干戈寥落四周星。
山河破碎風飄絮，身世浮沉雨打萍。
惶恐灘頭說惶恐，零丁洋裏歎零丁。
人生自古誰無死，留取丹心照汗青。

南宋滅亡後，張弘範又來勸文天祥投降，還裝出一副為他着想的樣子說：「丞相的忠心孝義都盡到了，要是能改變心意，像侍奉宋朝那樣侍奉元帝，仍然可以當宰相。」文天祥卻回答說：「國家危亡而不能挽救，我作為臣子死有餘辜，怎麼還敢苟且偷生呢？」張弘範知道自己勸不動他，只好派人把他押送到元朝的都城元大都（今北京市）去。

文天祥到了大都後，忽必烈也很欣賞他的才能和骨氣，繼續派人去勸降，許諾只要他效忠元朝，高官厚祿根本不在話下。文天祥卻表示，自己寧願去當道士也不為元朝做事，統統回絕了那些勸降的人。

這麼一來，對如何處置文天祥，元朝大臣們都很為難。很多大臣主張把文天祥放了，讓他真去當道士。可也有大臣反對，說：「文天祥放出去後，要是又在江南號召大家造反怎麼辦？」結果這個提議不了了之，文天祥一直被關了好幾年。

在獄中，文天祥依舊不屈服，寫下了千古傳誦的《正氣歌》。他在詩裏舉了歷史上很多堅持正義、不怕犧牲的忠臣義士的例子，認為這都是正

氣的表現。這首詩寫道：「天地有正氣，雜然賦流形：下則為河嶽，上則為日星，於人曰浩然，沛乎塞蒼冥……時窮節乃見，一一垂丹青。」意思是：天地之間有一種正氣，分別表現為各種物體。如地上的大河高山，天空的日月星辰。在人的身上就表現為浩然之氣，充塞在宇宙之間……到了危急的關頭，才表現出他的氣節，他們的事跡一件件留在史冊上。

後來，忽必烈親自召見文天祥，文天祥仍然不肯投降。忽必烈最後問他：「你還有甚麼願望嗎？」

文天祥回答：「身為宰相，哪能侍奉二姓？賜我一死就滿足了。」忽必烈最終決定處死他。

臨刑前，文天祥從容不迫。他跪在地上，向南衝着宋朝的方向磕（kē，粵音闔）了幾個頭，祭拜生養他的故土和為家園戰死的將士，而後慷慨赴死。文天祥犧牲後，人們在他的衣帶裏發現了他的絕筆：「孔曰成仁，孟曰取義，唯其義盡，所以仁至。讀聖賢書，所學何事，而今而後，庶幾無愧。」大意是說：「孔子講成仁，孟子講取義，忠義盡到了，仁也就做到了。我讀了那麼多聖賢書，為的是甚麼？不就是現在這樣嗎？從今以後，我心中再沒有可愧疚的了。」

文天祥祠

如果大家去北京旅遊，可以去看一看文天祥祠，它又被稱為文丞相祠，位於東城區府學胡同內，這裏原先是文天祥被元朝關押的地方。後來文天祥雖然死了，但他寧死不屈、大義凜然的精神依舊被後人所景仰。因此在元朝滅亡後，人們將他當年被關押的地方改建為祠堂，用來紀念他。經過後人不斷的保護和修繕，文天祥祠一直保留至今。在文天祥祠裏，我們可以看到大量文天祥的手跡和原祠堂遺留下的物品。

崖山之戰

宋朝最後的喪歌 · · · · · · · · · · · · · · · · · · ·

上一節給大家講了文天祥，他被元軍俘虜的
時候，南宋幾乎已經滅亡了。元軍攻破了臨
安，四歲的小皇帝趙㬎（xiǎn，粵音顯）、
當時攝政的謝太后和很多官員都被元軍
俘虜。提前逃出來的兩位小皇子為趙

宋王朝保存了最後一點血脈。1276年，張世傑、陸秀夫這些主戰派大臣在福州把趙昰擁立為皇帝，建立起一個流亡小朝廷。

元朝聽到南宋小朝廷成立的消息，當然不可能坐視不管，很快派出軍隊進攻福州。張世傑知道福州很難守住，於是帶着小皇帝逃到海上。他們到處找地方落腳，但元軍圍追堵截，總是能提前把靠海的城市佔領。更糟糕的是，小皇帝趙昰之前一直在宮裏嬌生慣養、錦衣玉食，受不了流亡生活中的各種艱苦，第二年就病死了。張世傑他們又立六歲的趙昺為皇帝，繼續和元軍鬥爭。

不久，他們帶着小皇帝來到了廣東新會的崖山。陸秀夫是個文官，性格非常沉穩，不太愛講話，但辦事絕對穩妥靠得住。在抗擊元軍的過程中，他也積累了一些行軍打仗的經驗，成為一位能文能武的大臣。到了崖山後，他一邊派人去海南島徵集糧草，一邊組織大家修築防禦建築，還抽時間教小皇帝讀書寫字。張世傑則是士兵出身，作戰勇猛，為人剛正不阿，主要負責招兵買馬，訓練軍隊。他們準備以崖山為根據地，等到合適的機會就出兵北上，恢復大宋江山。

這時，元軍負責沿海防務的將領正是前一節講過的張弘範，他聽說小皇帝的船隊停靠在崖山，馬上帶着大軍來到崖山附近。

這時候，元軍佔領了全國的大部分地方。崖山只是一個小島，沒甚麼物資，吃喝之類的物資都要靠內陸和海南島供應，並不適合作為根據地。張世傑他們想依靠崖山反攻北方只是個不切實際的幻想。集結在這裏的宋軍雖然號稱有二十萬人，船隻兩千多艘，聽上去挺多，但其中大部分人都是逃出來的文官、宮女、太監、百姓等，根本沒甚麼戰鬥力。

這時，有人建議張世傑一定要佔領海灣的出口，以防被元軍佔領，但是張世傑沒有聽。

為了方便撤退，張世傑一直讓船隻漂浮在海上，並下令仿效三國時期的曹操，把兩千多艘船用堅固的繩索連在一起，並把小皇帝的龍船放在最中間的安全位置，築起了一座海上城堡。大家可能會問，萬一元軍像「赤壁之戰」的周瑜那樣，採取火攻怎麼辦？張世傑當然也想到了這點。

元軍進攻時果然效法周瑜，給許多小船裝滿了茅草、澆足了油，又點着了火，乘着風勢向宋軍發起火攻。可是宋軍早有準備，他們提前在船身上綁了許多根長木頭，火船一開過來就被擋住了，根本沒法接近宋軍的船。宋軍還在船上塗了很多濕泥巴，火根本燒不起來。

張弘範一計不成又生一計，派手下封鎖了海灣口。這招才是致命的，因為海上的宋軍必須到岸上砍柴、取淡水，海口一旦被封，便無法取得淡水。士兵們喝不到淡水，口渴難耐，只能強忍着去喝又苦又澀的海水，結果越喝越渴。這樣一來二去，許多士兵上吐下瀉，紛紛病倒了。此時張世傑才意識到海口的重要性，他多次帶兵想要奪回海口，但都被打了回來。

1279 年 2 月，張弘範趁着宋軍疲憊不堪的時候發起猛攻，結果毫無疑問，宋軍大敗。張世傑見大勢已去，斬斷鎖鏈，帶着小皇帝等人坐船突圍逃走。陸秀夫和小皇帝在一艘船上，而張世傑在另一艘船上。元軍的船緊跟着追了上來，宋軍的船隊一下被衝散了。小皇帝乘坐的船因為太大，不小心擱了淺，被元軍的船包圍，情況十分危急。

此時的陸秀夫絕望了，他知道無論如何也挽救不了大宋王朝了。如果小皇帝被元軍捉住，一定會受盡屈辱。他不允許這種事情再次發生。他跪倒在小皇帝面前，說：「陛下，事到如今，局勢已經無法挽回，臣願同陛下一同赴死，絕不苟且偷生！」說完，他背起小皇帝就跳進了茫茫大海。

很多軍民看到這一幕後也陷入絕望，他們不願投降元軍，也跟着跳進海裏，據説當時共有十多萬人投海自盡。

另一艘船上的張世傑遠遠看到這個情景後，不由得號啕大哭。但他還沒有放棄，計劃着再找一個趙氏後人即位，繼續抗元。不過他沒有這樣的機會了，他們的船在海上航行的時候突然遇到了颱風，張世傑也淹死在風浪中。「崖山之戰」以南宋的慘敗而告終。

大家看了之前的故事就知道，宋朝在面對外敵時，一直都顯得懦弱無能，遼國打不過，西夏打不過，金國打不過，蒙古也一樣打不過。不過在南宋滅亡的最後時刻，這個王朝終於展現出了骨氣，它的最後一戰堪稱歷史上最悲壯的瞬間之一。

元和南宋之間的戰爭打了十多年，崖山之戰後，南宋王朝徹底滅亡，元朝統一了全國，成為當時世界上最大的國家之一。

知識加油站 制度

不平等的四等人制度

元朝統一全國後，為了維護對漢族和其他少數民族的統治，把全國人民按民族和地域分成四等加以管理。第一等自然是蒙古人。第二等叫色目人，意為「各色各目」、種類繁多，指最早被蒙古人征服，並幫助蒙古人打天下的各族人民。第三等為漢人，包括原本金國統治下的漢人、契丹人、女真人，另外還有高麗人，雲南、四川一帶的人民。第四等叫南人，是原本南宋境內以漢族為主的各族人民。四等人的地位和待遇完全不平等，比如按照當時的法律，南人要是打死蒙古人，必須被處死，而蒙古人打死一名南人則只需杖刑五十七下，賠償死者家屬一些銀子即可。

馬可・孛羅遊中國

遠道而來的客人 ● ● ● ● ● ● ● ● ● ● ● ● ● ●

　　現在有很多外國人來到中國工作和生活，那你們知不知道，歷史上來中國的外國人裏，最有名的是誰嗎？

　　答案就是元朝時來中國的馬可・孛羅。他不但在中國生活了很多年，而且還有人根據他在中國的所見所聞寫了一本非常著名的書，叫《馬可・孛羅遊記》，很多歐洲人都是通過這本書了解到中國的情況。

　　十三世紀的時候，馬可・孛羅出生在意大利的「水城」威尼斯。當時的威尼斯商業非常發達，馬可・孛羅的家族就是以經商為生。在他小時候，他的父親和叔叔經常在地中海東岸奔走做生意。在他們的影響下，馬可・孛羅自幼就對旅行十分感興趣。

　　後來，馬可・孛羅的父親和叔叔來中國的元大都做生意，受到元世祖忽必烈的接見。忽必烈通過他們了解到了西歐各國和羅馬教廷的情況，並託他們給羅馬教宗帶去一封信。兄弟倆回歐洲之後，得知教宗已經去世，就決定先回家，等新教宗選出來再說。在家裏，他們向馬可・孛羅講述了在中國的種種見聞，小馬可・孛羅聽得津津有味，對神祕的中國充滿了好奇，還在心裏暗暗下定決心，以後一定要親自到中國看一看。

　　機會很快就來了。羅馬教廷的新教宗看到忽必烈的來信後，給忽必烈寫了一封回信，還準備了一些禮品，然後讓馬可・孛羅的父親和叔叔把它們帶到元大都。這回，他們把十七歲的馬可・孛羅也帶上了。

　　他們從威尼斯進入地中海，然後橫渡黑海，穿越敍利亞和兩河流域，進入今天的伊朗，再越過沙漠和高原。他們在半路上遇過土匪，有時又一

連十幾天都遇不到一戶人家，路邊連棵草都沒有。一路上歷盡艱難，他們終於在 1275 年到達了元朝的上都，這時距他們離開家鄉已經將近四年，馬可‧孛羅也從少年長成了小伙子。

馬可‧孛羅立刻被上都的景色震撼了，後來他描述說，忽必烈的宮殿是用大理石和各種美麗的石頭建造的，所有的房間裏都鍍了金，裝飾得富麗堂皇。宮殿外是忽必烈的御花園，裏面是廣闊的草場，還有許多小溪流過。這裏到處都是鹿和山羊，還有上百種鳥雀。忽必烈經常來這裏打獵，還養了獵豹用於捕獵。

這時候正是夏天，忽必烈正好在元上都避暑。馬可‧孛羅一行人把信和禮物都交上去後，忽必烈非常高興，設了宴席招待他們。後來，忽必烈給他們都封了官職，並把他們帶到大都，這裏更是讓馬可‧孛羅大開眼界。要知道，當時的歐洲遠不如中國發達，馬可‧孛羅的故鄉威尼斯在歐洲已經是非常繁華的城市了，可是比起元大都仍然差得很遠。

在馬可‧孛羅看來，元大都整個城市四四方方，好像一塊棋盤，所有街道全是筆直走向，一直能通向城牆根。要是站在城門上朝正前方遠望，能直接看見對面城牆的城門。讓他印象最深的是元大都正中有一座高樓，上面懸着一口大鐘，每天晚上都會鳴鐘報時。第三次鐘響後，除非遇到孕婦分娩、生急病請醫生這類急事，任何人都不能在街上行走。

他尤其喜歡那些珍貴的貨物，「凡世界上最為稀奇珍貴的東西，都能在這座城市找到，特別是印度的商品，如寶石、珍珠、藥材和香料」，「根據登記表明，用馬車和馱（tuó，粵音駝）馬載運生絲到京城的，每日不下一千輛次」。

馬可‧孛羅他們在元大都住了下來。他非常聰明，在很短時間內就學會了蒙古語和漢語。忽必烈對他的才華非常欣賞，經常把他喊到宮裏聊天，還經常安排他去國內各地和一些臨近的國家訪問。馬可‧孛羅曾奉命巡視過今天的山西、陝西、四川、雲南、西藏、浙江、福建等省份，遊歷了中國許多的山川大地。中國的遼闊和富庶讓他感到不可思議，他還發現中國人已經開始使用紙幣買東西，這在當時的歐洲是不可想像的。

此外，他還奉命去訪問過安南（今越南）、爪哇、蘇門答臘（今印尼）、印度等地。如此豐富的旅遊經歷，怕是很多現代人都自歎不如。不過，馬可‧孛羅可不是純粹去旅遊的，每到一個地方，他都會詳細記載當地的風土人情、地理地貌，回到大都後向忽必烈做學術匯報，忽必烈也因此長了不少見識。

轉眼間，馬可‧孛羅已經在中國待了十七年了。雖然他很喜歡這裏，但人到中年，難免思念家鄉。1292 年春天，忽必烈派他們護送一位名叫闊闊真的蒙古公主從泉州出海到波斯成婚，他們趁機向大汗請求，在任務完成之後回家鄉去。忽必烈雖然非常捨不得他們，但畢竟他們已經離家那

麼久了，是該回去看一看了，於是就同意了。

這時候，他們離開威尼斯已經好多年了。威尼斯人一直沒聽到他們的消息，以為他們早死了，如今看到他們穿着一身東方的奇裝異服回來，又看到他們從中國帶回的許多奇珍異寶，都轟動了。人們還給馬可・孛羅起了個外號，叫「百萬家產的馬可」。

可惜，馬可・孛羅還沒高興幾天，威尼斯就和另一個意大利城市熱那亞發生了戰爭。他也跑去參戰，不幸被對方抓住，從富翁變成了俘虜。監獄裏的生活百無聊賴，該做甚麼好呢？乾脆和獄友們一起聊天吧！馬可・孛羅遊歷各地，見多識廣，就向獄友們講起自己在中國以及其他國家的見聞。大家聽得津津有味，尤其對他口中繁榮富庶的中國極其嚮往。

獄友中有一個叫魯思梯謙的人，原來是一位作家。他對馬可・孛羅的所見所聞非常感興趣，就根據他的口述，寫了一本《馬可・孛羅遊記》。這本書在當時轟動了全歐洲，因為書中馬可・孛羅的經歷遠遠超過當時歐洲人的認知。有人甚至懷疑，馬可・孛羅其實根本沒到過中國，這些見聞都是他從別人那裏聽來的，再自己加油添醋一番。但也有人指出，馬可・孛羅對於很多中國城市的描述都和當時的情況非常接近，而且講得很細緻，如果是聽來的傳聞，很難做到這點。

不管怎樣，這本書還是激起了歐洲人對中國的無限嚮往。後來，很多歐洲人冒險出海，想要到中國尋寶，其中就包括發現新大陸的哥倫布。

知識加油站 制度

驛站制度

元代統治地域遼闊，為了方便物資運輸和資訊傳遞，元朝建立了完善的驛站制度。驛道通往全國各省，直至四周偏遠的少數民族地區，共設有一千五百多個驛站。位於現在河北張家口懷來縣的雞鳴驛就是始建於元代的一處驛站。元朝還有傳遞公文的急遞鋪，急遞鋪有鋪兵駐守，備有供中途更換的馬匹，傳送緊急公文時，一天一夜要走四百里。

賽典赤治理雲南

雲南的第一任「省長」

　　大家知道歷史上雲南是甚麼時候成為一個省的嗎？這裏的第一任「省長」又是誰呢？

　　雲南的第一任「省長」叫賽典赤・贍（shàn，粵音擅）思丁，是回回人，也就是現在的回族。他出生在不花剌（今中亞布哈拉），早在蒙古西征時，年少的賽典赤就率領一千多名騎兵歸附了成吉思汗，並跟着他東征西討，立下不少戰功。西征結束後，賽典赤繼續為蒙古國做事。後來，大汗不停地換，但賽典赤因為為人忠厚、能力出眾，一直受到重用，還當過宰相。

　　元朝統一之後，雲南成了一塊很難治理的地區。那裏地處邊疆，環境複雜，很多民族都混居在一起，他們不願意被蒙古人統治，因此經常起來鬧事，要求獨立。為了加強對雲南的統治，忽必烈把自己的第五個兒子忽哥赤派到了雲南。可是沒想到，當時駐紮在雲南的兩個蒙古官員害怕自己在雲南的權力會被削弱，竟然合謀害死了忽哥赤。

　　消息傳到忽必烈那裏，他憤怒極了，先是處死了那兩個官員為兒子報仇，然後決定在雲南設立行省，再派一個有能力的大臣過去當「省長」，好好整治這個地方。忽必烈決定把這個重任交給賽典赤，賽典赤也就成了雲南的第一任「省長」。「省」這個行政區域就是在元朝時開始出現，並且一直沿用下來的。

　　賽典赤看到忽必烈這麼信任自己，下決心要把雲南治理好。1274年，賽典赤到了雲南。他先是到民間走訪，了解當地的風俗民情，穩定民心，然後就開始大刀闊斧地進行制度

上的改革。當時元朝佔領雲南不久，雲南各地駐紮着大大小小的軍隊，由各級軍官分別管理。賽典赤在雲南實行了郡縣制，設立州、縣等行政區域，將駐守的各級軍官改為州、縣長官。

　　經過賽典赤的一番工作，雲南終於穩定下來，但這也引起了一些當地官吏的不滿。在賽典赤到來之前，他們就是當地的「土皇帝」，想做甚麼就做甚麼，現在卻有了這麼多約束，他們心裏當然很不服氣。於是，他們偷偷來到大都，向忽必烈打小報告，誣告賽典赤欺君專權。忽必烈一聽就發怒了，但他發怒的對象不是賽典赤，而是這些來誣告的人。他非常清

楚賽典赤的為人，對他一百個放心，於是對這些官吏說：「賽典赤憂國愛民，我早就知道，你們這些人竟然敢誣告！」反過來把這些人套上枷鎖押回雲南，交給賽典赤處置。

這些官吏一下全傻了，心想回雲南之後，賽典赤還不知怎麼收拾自己呢。沒想到一見面，賽典赤先替他們取下了枷鎖，然後一臉誠懇地對他們說：「其實陛下在臨行前給了我全權處理雲南政事的權力，你們不知道這回事，我不怪你們。現在我讓你們官復原職，你們可願意認錯？」官吏們本來以為自己死定了，現在不但都被赦免，而且還官復原職，頓時對賽典赤感激涕零，對賽典赤的氣量更是佩服得五體投地。從此，雲南的新舊官吏開始通力合作，和諧相處，再也不鬧矛盾了。

不久，雲南一個叫納西族的少數民族發動叛亂，賽典赤帶兵去鎮壓，將叛軍包圍起來，但城內的叛亂首領一直不肯投降。賽典赤的手下都想直接攻城，賽典赤擔心一旦開戰會誤傷到百姓，又擔心士兵入城後到處搶劫，所以不同意攻城，只是讓人去勸降。城裏的首領嘴上答應投降，但卻沒有實際行動。有些將領沉不住氣，就擅自發起了進攻。賽典赤知道後立刻阻止了進攻，並要按軍法殺了帶頭的那個將領。大家紛紛跪在地上求情，他才決定等打完仗再處理。

城內的首領們聽說這件事後十分感動，覺得再抵抗下去也沒甚麼意義，於是主動開城投降了。其他少數民族的首領看到後也紛紛歸附，賽典赤不費一兵一卒就平息了叛亂。他每次接見少數民族首領的時候，都會設下豐盛的宴席熱情款待，還會給他們準備一些小禮物。就這樣，朝廷與雲南各個民族的關係逐漸融洽起來。

在穩定了雲南的政局之後，賽典赤開始改善當地老百姓的生活。首先當然是解決吃飯問題。因為雲南比較偏僻，人們還不太懂得怎麼種地，賽典赤就把中原的耕作技術和種地用的工具都帶到了雲南，把老百姓組織起來開墾荒地，給他們種子和耕牛，第一年就獲得了不錯的收成。接着他又組織了好幾千名民工，疏通了滇（diān，粵音田）池的河道，解決了經常發生的洪水氾濫問題，灌溉了很多農田。沒多久，滇池周邊地區就變得富饒起來。

賽典赤在雲南一共待了六年，時間雖然不長，卻給雲南帶來了巨大的變化。他去世後，雲南的老百姓都不捨得這麼一位好官，紛紛自發上街祭奠他，有些人甚至痛哭流涕，在地上長跪不起。後來，他的兒子接任了他的職位，繼續實行他的政策，使雲南得以繼續發展。他們父子的功績一直被當地人民銘記。

元代行省制度

　　元朝建立後，為了加強中央集權，制定了行省制度，在中央設立了中書省，總領全國政務，並直接管轄被稱為「腹裏」的山東、山西、河北，接着又在全國設立了十個行省，即嶺北、遼陽、河南江北、陝西、四川、甘肅、雲南、江浙、江西、湖廣。這一制度從此成為中國主要的行政模式，一直影響到了現在。

當時的世界

　　1273 年，哈布斯堡公爵魯道夫一世當選為德意志國王。在他統治時期，奧地利成了德意志王國的領土。1274 年，雲南設立行省，賽典赤擔任第一任行政長官，治理雲南。

劉秉忠修建元大都

三頭六臂哪吒城

北京是我們國家的首都，元、明、清三代王朝的都城也在北京。那你們知道，北京城最初是怎麼建成的嗎？這還得從忽必烈時期說起。

前面講過，忽必烈曾和阿里不哥爭奪汗位，兩人分別在上都、和林各自宣稱自己是大汗。儘管忽必烈最後取得了勝利，但和林的那些蒙古貴族仍然忠於阿里不哥。忽必烈自從治理漠南漢地以來，一直重用漢人、實行漢制，這更是觸犯了那些守舊的蒙古貴族的利益。忽必烈明白，自己想要穩固統治，必須經營好中原地區。

這樣一來，上都作為都城的缺陷就很明顯了，它離之前的舊都太近，難以擺脫那些蒙古貴族；離中原又太遠，不方便統治。經過一番慎重考慮，忽必烈決定遷都到燕京，也就是今天的北京。燕京的地理位置很特殊：北邊是高高的山脈和關口，南邊則是一望無際的平原。這裏相當於一道屏障，進可攻，退可守，離蒙古的老家又不遠，對蒙古統治者來說，在這裏建都最合適不過了。1267 年，忽必烈遷都燕京，並在四年後正式建立元朝。燕京也被改名為大都，正式成為元朝的首都。

　　遷都之前，燕京曾經是金國的中都。當年成吉思汗攻破這裏後，蒙古士兵拆毀了城中的宮殿，還放火燒了很多建築，整座城市面目全非，到處都是戰火留下的痕跡。於是忽必烈決定重建這座城市，他把這項任務交給了一位叫劉秉忠的官員。

劉秉忠早年的經歷相當精彩，他很小就能熟背文章，十七歲就當上了金國一個寫文書的官吏，這在當時已經很少見了，相當於現在一個中學生直接進了政府當上了公務員。可劉秉忠卻很不甘心，他覺得自己這麼有才華，只能當一個小官吏，實在是大材小用。他乾脆辭了職，出家當和尚去了，還拜元代高僧虛照禪師為師，法名子聰。這段時間，他依然堅持學習，研習了天文、陰陽、術數等方面的書籍，漸漸有了名氣。

後來，海雲法師將他推薦給忽必烈，二人一見如故。忽必烈對劉秉忠的才華非常欣賞，經常向他請教問題，還把他留在身邊當謀士。等到忽必烈成為大汗後，劉秉忠進一步得到重用，參與制定了元朝的官制，連「元」這個國號都是他提出來的。忽必烈即位的地點上都，也是劉秉忠用三年時間建成的，可以說劉秉忠對營建都城有着豐富經驗。

劉秉忠修建元大都還有這麼一則傳說：有一天晚上，忽必烈做了一個夢，夢見燕京城下飛出一條巨龍，張牙舞爪地在空中盤旋。不一會，巨龍張開大嘴噴出許多水，將燕京城淹沒了，他自己也被困在水裏，拚命地掙扎。他一下被嚇醒了。第二天，他把劉秉忠找來，將夢中的情節告訴了劉秉忠。劉秉忠認為這是凶兆，想要燕京城太平無恙，就必須想辦法把這條噴水的惡龍給鎮住。他苦思冥想了很久，終於想出了辦法。

不知道大家有沒有看過哪吒（zhà，粵音渣）鬧海的故事，故事中，三頭六臂的哪吒打死東海龍王三太子，降服了東海龍王。劉秉忠心想：「既然哪吒專門殺龍、打龍，那把燕京城修建成哪吒的模樣，肯定能把惡龍鎮住。」

想到這個辦法之後，劉秉忠就把燕京城修建成了「三頭六臂」的模樣，三個頭指的是正陽門、崇文門、宣武門；六臂指的是朝陽門、東直門、光熙門、阜（fù，粵音 fau6）成門、西直門、肅清門；健德門、安貞門則是哪吒的腳；中間的皇宮就是哪吒的心臟。

1285 年，元大都基本完工。都城內的宮殿金碧輝煌，城牆高大堅固，城市中的街道筆直寬闊，官署的佈置也井井有條。假如你有機會穿越到那個時候，會發現元朝的皇宮要比現在的故宮偏西一點，以現在北海公園的瓊華島為中心，那裏當時叫太液池，屬於大寧宮。西岸是太后居住

的隆福宮、太子居住的興聖宮。東岸是「大內」。大內南面是大明殿，這是舉行各種典禮、朝會的地方。北面是延春閣，是元朝皇帝日常辦公和生活的地方。而皇宮北面是今天的積水潭，那裏是大運河的終點，既是貨物的集散地，也是市集。

不過，此時元大都的營建工作還沒有完全結束，一些宮殿、社稷壇、運河的河道以及倉庫都是後來才完工的。忽必烈之後，元朝的漢化程度日益加深，元朝的皇帝們根據當時的情況又修建了國子監、孔廟和用於祭祀的壇廟等，但元大都的總體佈局一直沒有大的變動。可以説，元大都基本奠定了近代北京的雛形。

在市場的管理方面，元大都沿用了宋朝的坊市合一制度，坊與坊之間沒有高高的牆壁，整個城市顯得開闊而又有生氣。這些都給前面講到的國際友人馬可·孛羅留下了深刻印象。元大都的修建也充分體現出了劉秉忠非凡的才學、見識和能力，他堪稱中國古代的「頂級設計師」。

中統元寶交鈔

　　「中統元寶交鈔」是我國現存最早由官方正式印製發行的紙幣實物。中統元年（1260年），忽必烈在劉秉忠的建議下發行了紙質「中統元寶交鈔」。這種紙鈔最初發行時，以白銀為本位，也就是説，任何人拿着「中統元寶交鈔」都可按銀價到官庫兌換實物白銀。

　　到了至元二十二年（1285年），忽必烈下令，全國禁止使用銀、錢，只能用「中統元寶交鈔」。從此「中統元寶交鈔」成了全國唯一合法的流通貨幣，甚至老百姓交稅也都用「中統元寶交鈔」。

郭守敬制定《授時曆》

元代首席科學家

1977 年，中國科學家正在給一顆由紫金山天文台發現的小行星起名字。經過討論，大家決定叫它「郭守敬星」，紀念的正是元代著名的科學家、天文學家、數學家、水利工程專家郭守敬。

郭守敬出生在邢台的一個書香家庭，他的祖父叫郭榮，是當時的一位大學問家，不但熟讀四書五經，對算數和水利也很有研究，放在今天就是文理全才。郭榮經常和好朋友在一起討論問題，小郭守敬就站在一邊聽着。時間一長，郭守敬就在耳濡目染中學到很多科學知識，他還讀了很多書籍。郭守敬動手能力很強，十五六歲的時候，他就根據書上的一幅插圖，用竹條紮成一個「渾儀」，還用土堆了一個台基，把「渾儀」擺放在上面，進行天文觀測。他還根據北宋時期一幅拓（tà，粵音塔）印的圖，

搞清了計時工具「蓮花漏壺」的運作原理。

　　郭榮覺得孫子是個研究科學的可造之才，就想着好好培養一下。郭榮有一個好朋友，正是上一節講過的、主持元大都修建的劉秉忠。當時劉秉忠的父親去世了，他回到老家邢台守孝，在紫金山隱居讀書。郭榮聽說後，就把郭守敬送到劉秉忠門下學習。有了劉秉忠這位名師，郭守敬更加認真地學習科學文化知識，而且進步飛速，尤其在天文、水利方面十分出色。

　　三年守孝期滿後，劉秉忠回到朝廷繼續任職，郭守敬又跟着劉秉忠的

好友張文謙學習。不久，邢台開始整治水流河道，郭守敬被聘為這個工程的規劃設計師。年輕的郭守敬經過一番勘察，很快就理清了混亂的河道系統，還帶人挖出了埋沒近三十年的石橋遺物，造福了當地百姓。

後來，忽必烈把張文謙召去做官，郭守敬也跟着去了。張文謙經常帶着他考察各地的地形地貌，興修水利工程。兩年後，張文謙認為郭守敬可以出師了，就向忽必烈舉薦了他。郭守敬第一次見到忽必烈，就提出了六條水利建設方面的建議。忽必烈也非常欣賞他，讓他在朝中擔任水利官員，負責各地河渠的開鑿整修。

郭守敬兢兢業業地在各地治理河渠，興建水利工程。他帶人修復了著名的唐來、漢延兩條古渠，灌溉了周圍的萬畝良田，受到百姓的愛戴。

南宋滅亡後，忽必烈決定編制新的曆法。對古人來說，天文學並不是看看星星那麼簡單，而是要從星象變化中找出季節變換、冷熱交替的規律，再編制成曆法，指導老百姓種地，提高糧食產量。當時元朝用的是《大明曆》，它已經沿用了幾百年，與當時的天象有了不小的誤差。忽必烈便讓郭守敬去研究天文，編制一部全新的曆法。

郭守敬認為，「曆之本在於測驗，而測驗之器莫先儀表」，意思是，想編制一部精確的曆法，就必須用精密的儀表不斷測驗。可當時的儀器都太過老舊，怎麼辦呢？小時候就養成的動手能力派上了用場，郭守敬決定自己造。他自己動手發明和改造了許多天文儀器，比如用來測量日月、行星及恆星位置的「渾儀」，作為渾儀簡化版的「簡儀」，用來觀測太陽的位置和日食的「仰儀」，觀測太陽影子長度變化的「圭（guī，粵音歸）表」等等。

為了更準確地觀測，郭守敬還在全國各地建立了二十多個天文台和觀星台。最北的測點是鐵勒（今西伯利亞葉尼塞河），最南的測點在南海（今中沙羣島黃岩島），還選派了十四個監候官員分別到各地觀測。

接下來，郭守敬帶領手下實行了整整四年的天文觀測，終於在1281年編好了新曆法。忽必烈非常滿意，給這部曆法命名為《授時曆》，意思就是告訴百姓們時間和節氣的變化，讓他們不要錯過了農時。《授時曆》是一部非常科學的曆法，它計算出一年的天數為 365.2425 天，和我們現

在用先進科技計算出的地球繞太陽一周的實際時間僅僅相差 26 秒，精準度和如今在全球通用的公曆差不了多少，但它的出現卻比現行的公曆早了三百多年。後來，《授時曆》在我國總共沿用了三百六十多年，還曾經傳播到朝鮮和越南。

郭守敬在天文和水利方面經驗豐富，聲望也越來越高，大家有甚麼問題都會跑來向他請教。他一生都在兢兢業業地工作，等到他七十歲的時候，按照元朝的法律已經到了退休的年紀，但當時沒有人能代替他，元朝的皇帝只好把他再聘回來工作。更誇張的是，元朝從此有了一個新規定，那就是太史院的天文官一概不准退休。又過了十幾年，郭守敬去世，享年八十六歲。

知識加油站 事件

郭守敬修通惠河

元朝定都大都後，忽必烈為了解決大都的物資供應問題，一直想要把南方的糧食運到北方來，連通南北的大運河便成了首選的運輸路徑。但是有一個很大的問題擺在他的面前：當時的京杭大運河只修到了如今的通州，位於大都城外，要想從通州運糧到大都，還是要靠陸地運輸，運輸成本高，而且走得慢。忽必烈便命令郭守敬去修建通州到大都的這段運河。

郭守敬用了一年半時間，終於使京杭大運河連接到了大都，終點站是積水潭。往來的商船都匯集到這裏，熱鬧非凡。忽必烈從上都回大都路過積水潭時，見到滿是商船的熱鬧景象也十分高興，將郭守敬負責修的這段運河命名為通惠河。

關漢卿與《竇娥冤》

「六月飛霜」的由來

　　大家喜歡看各種影視劇嗎？不少影視劇的題材來自戲劇，你知道中國古代的戲劇是甚麼樣的嗎？

　　中國古代的戲劇是在元代正式形成的，叫雜劇。大家都知道京劇，京劇講究「唱唸做打」，演員一會唱，一會唸台詞，有的戲還有「動作戲」。雜劇也差不多，它把歌曲、道白、舞蹈結合在一起，看起來非常熱鬧，所以在大都這樣的大城市尤其流行。很多城市居民都喜歡看雜劇，好

的雜劇作品在戲園裏往往場場爆滿，受到觀眾的追捧。很多文人也都投身雜劇創作，他們當中最有名的就是關漢卿。

關漢卿出生於大都的一個醫生家庭，從小讀了很多書，接受過良好的教育。在父親的熏陶下，關漢卿的醫術也挺不錯，還在太醫院當過官。這時的元朝，政治逐漸腐敗起來，蒙古的王公貴族們大肆搜刮百姓的財富。關漢卿不願和那些貪官污吏同流合污。這段時間，他一直對雜劇非常感興趣，最終決定「棄醫從文」，辭去太醫院的工作，專門寫雜劇去了。

這是個特別大膽，也特別讓人吃驚的決定。當時，不同職業間的社會地位差距特別大，比如關漢卿之前當醫生，這是不錯的職業；可是演員、編劇這類職業的社會地位卻特別低，被稱為「下九流」，還受到各種歧視，比如，就算有錢也不能穿好的衣服，一有勞役就先徵發他們，等等。他們的子孫後代也都會受到影響。一句話，只要當上這種「下九流」，一輩子就別想再有「出息」了。

關漢卿不是不知道這些，但他對雜劇的熱愛超過了一切，還是編起了雜劇。他想通過自己的作品來揭露社會的黑暗，反映底層人民的情感。他平時和藝人歌伎們生活在一起，和他們一起排

練，有時候練得高興了，還會自己上台表演。當時有一位特別出名的女演員叫珠簾秀，關漢卿還向她請教過怎麼演戲。

關漢卿晚年的時候，朝中一些大臣仗着皇帝的信任，在全國公開搜刮民財，貪贓枉法，製造了很多冤獄。百姓們被逼得傾家蕩產、賣兒賣女，生活非常悲慘。在這樣的時代背景下，關漢卿拿起筆，創作了一部著名的悲劇《竇娥冤》。

《竇娥冤》的全名叫《感天動地竇娥冤》。主人公竇娥是一個貧苦女子，在她小時候，父親竇天章因為欠了別人的高利貸還不起，又因為上京趕考缺少盤纏，就把竇娥賣給了一位姓蔡的婆婆當童養媳（古時未成年便被人買下或收養，準備將來當那戶人家的媳婦的女孩）。但竇娥嫁過去沒多久，她的丈夫就去世了。當地一個惡霸張驢兒欺負蔡家婆媳無依無靠，想趁機霸佔竇娥。蔡婆婆和竇娥當然堅決拒絕，張驢兒從此懷恨在心。

過了幾天，蔡婆婆生了病，要竇娥做羊肚湯給她吃。張驢兒偷偷地在湯裏下了毒藥，想先毒死蔡婆婆，再逼竇娥成親。沒想到蔡婆婆沒喝，張驢兒的老爹貪吃，把有毒的湯喝了，在地上翻滾幾下就嚥了氣。張驢兒沒想到自己毒死了父親，他惱羞成怒，反咬一口，誣陷是竇娥害死了自己的父親，把竇娥押送到當地的衙門。

當時的元朝社會黑暗，貪官橫行，普通老百姓根本沒地方伸張正義。為了給竇娥定罪，張驢兒製造了假證據，還花錢買通了當地的縣官桃杌（wù，粵音兀）。大家注意，這個人名不是關漢卿隨便起的，而是故意與「檮（táo，粵音圖）杌」同音。檮杌是中國古代傳說中的凶獸，可見這個縣官不是好東西。

桃杌收了張驢兒的錢，把竇娥抓到公堂百般拷打，逼她承認是自己下毒。竇娥卻非常堅強，被打得死去活來也不肯承認。桃杌知道竇娥很孝順婆婆，又故意當着她的面要拷打婆婆。竇娥心疼婆婆，只好含冤招供。於是，桃杌給竇娥定了死罪，把她押到刑場去處死。

在刑場上，竇娥滿腔悲憤，咒罵天地：「地也，你不分好歹何為地？天也，你錯勘賢愚枉做天！」臨刑的時候，她向天發出三樁誓願：第一，砍頭之後，希望自己的血濺上高高的白色的絹布；第二，請老天降下大

雪，遮蓋自己的屍體；第三，要讓當地大旱三年。

在雜劇中，竇娥的誓願居然感動了天地。劊子手一刀下去，她的鮮血沒有一滴落到地上，而是全都濺上了白色的絹布；緊接着，明明是天氣正熱的夏季六月，卻霎（shà，粵音圾）時天昏地暗，鵝毛大雪紛紛飄下。因為這段劇情實在太過經典，「六月飛霜」從此就成了形容蒙冤的著名典故。

接下來，當地果然又大旱了三年。百姓們因此議論紛紛，認為這是老天爺看不下去，在替竇娥申冤。後來，竇娥的父親通過考試當上了官，回鄉後幫女兒洗刷了冤屈，懲治了那些惡棍，殺人兇手張驢兒被處死刑，貪官桃杌也受到了應有的懲罰。

關漢卿一生創作了六十多個劇本，但流傳下來的只有十二個。其中《竇娥冤》稱得上是世界上最偉大的悲劇之一。直到現在，《竇娥冤》依然廣為人知，有時候我們在生活中被冤枉了，還會說自己「比竇娥還冤」。

知識加油站 制度

關漢卿為甚麼不考功名？

關漢卿這麼有才華，為甚麼不去考取功名呢？事實上，在關漢卿年輕的時候，元朝並沒有開科舉。也就是說，當時的元朝政府沒有設立公開考試制度，所以關漢卿想考也沒辦法考。等到元朝設立了科舉制度的時候，關漢卿已經是一個六十多歲、名滿天下的老頭了，也沒有必要去參加公開考試了。

當時的世界

關漢卿生卒時間一直存在爭議，大約在 1234 年到 1307 年之間。1307 年，此時歐洲正處在黑暗的中世紀。但丁創作出了《神曲》，標誌着歐洲即將進入「文藝復興」時期。

黃道婆製棉

被人傳頌的「織布女神」

　　大家知道嗎？古人穿的衣服在元代之前用的材料主要是麻和葛，有錢的人則會用高檔的絲綢。到了元代，棉花開始在我國大面積種植，棉布就成了做衣服的材料。而元代有一位女性改進了棉紡織技術，大大提高了織布的效率。這個人就是黃道婆。

　　黃道婆出生在松江府污泥涇鎮（今上海市華涇鎮），那裏正是如今的上海。但在當時，松江府只是個普普通通的小地方，遠沒有現在這樣繁華。宋元交戰之際，百姓生活十分艱苦，黃道婆十二歲的時候就被賣到別人家去做了童養媳。

　　古代的童養媳就跟丫鬟一樣，每天都有很繁重的體力勞動，還動不動就挨打挨罵。黃道婆也是這樣，她白天要去田裏務農，晚上回家還要織布，一天下來累得全身痠痛。有一次，她做完農務回家後，因為實在太累，就躺下休息了。公婆看到後覺得她偷懶，把她喊起來痛罵了一頓。黃道婆覺得十分委屈，回了幾句嘴。這下公婆火冒三丈，把她打了一頓。她的丈夫不僅不勸架，反而幫着父母一起打她。他們把黃道婆打得遍體鱗傷，最後把她關到柴房裏。

　　這樣的遭遇還有很多次。黃道婆實在忍受不下去了，她不甘心一輩子過這樣奴隸般的生活。一天夜裏，她在柴房屋頂挖了個洞，逃了出去，一口氣跑到黃浦江邊。正好江邊有一條船正要出海，黃道婆找到船主，把自己的經歷告訴了他，苦苦哀求他帶上自己。船主對她的遭遇非常同情，就讓她偷偷上了船。這艘船在茫茫夜色中出了港。

　　在海上航行了幾天，黃道婆才知道，這艘船要去的是海南島。海南島在古代一直十分荒涼，歷代朝廷經常把一些犯罪的官員流放到那裏。黃道婆到了海南島，當然也知道生活艱苦，但是既來之則安之，她不準備再回去了。

海南島上生活着很多黎族人。他們很早就在島上種植棉花，並且善於織布，掌握了高超的棉紡織技術，還發明了一整套織布用的工具，生產出的花被、縵布等產品既美觀又實用，在內地市場上非常受歡迎。黃道婆到達海南島之後，這些黎族同胞收留了她。她們不但幫黃道婆定居下來，還教她織布的技術。

黃道婆就這樣在海南生活了大概四十年。在這期間，她和黎族的姐妹們一起生活、一起工作，學到了精湛的紡織技術，並成為當地有名的織布高手。後來，黃道婆漸漸上了年紀，越來越思念自己的家鄉。最終，她依依不捨地告別了一起生活的黎族姐妹們，乘坐一艘商船回到了家鄉污泥涇鎮，這時她已經五十多歲了。

回到家鄉後，黃道婆發現一切都變樣了，宋朝滅亡了，取而代之的是元朝。曾經的丈夫一家早就不知去向，但這裏還是一樣的貧窮落後，百姓們連吃飽肚子都是奢望。當地倒是有些人從事織布行業，技術卻非常落後，效率很低。看到這些，黃道婆決心用自己學到的技術改變家鄉的現狀。

要革新技術，首先要有先進的機器。黃道婆改造了黎族的紡織工具，發明出一套完整的織布工具，包括「擀（gǎn，粵音趕）、彈、紡、織」。「擀」就是攪車，當時中國已經種植起棉花，但棉花裏有很多種子，必須摘掉才能用來紡織，手工摘種子又累又慢，如今有了攪車，可以直接碾軋（yà，粵音扎）棉花，比手工摘棉種子快多了。「彈」是捶打棉花用的弓弦，目的是讓棉花變得蓬鬆起來。黃道婆採用的弓比之前的大很多，弦也更有彈力，彈棉花的效率高了許多。「紡」也就是紡車，黃道婆改進的紡車可以同時紡三根線。「織」自然就是織布機了，她改造的織布機已經能夠織出美麗的花紋和各種圖飾。用這套工具織布，比過去要快好幾倍。

在研究機器的同時，黃道婆也耐心地教百姓們織布的技術。只要有人願意學，她總是非常用心地去教授。漸漸地，當地百姓們掌握了先進的紡織技術，他們生產的紡織品也在全國各地暢銷，甚至還賣到了海外。到了元朝末年的時候，松江一帶成了全國的紡織中心，松江布成了暢銷「品牌」，不但紋飾非常漂亮，質素也很好。當地從事紡織業的人足足有好幾

千，很多百姓都是靠織布過上了好日子，不用再為填飽肚子而發愁。

黃道婆去世後，污泥涇鎮的百姓們把她安葬在當地的一個村落，還為她修祠堂、塑像，每年都有百姓自發祭奠她。在很多年後的今天，當地依然流傳着這樣的民謠：

> 黃婆婆，黃婆婆！
> 教我紗，教我布，
> 兩隻筒子兩匹布。

黃道婆雖然出身貧寒，命運坎坷，但她勤勞又勇敢，敢於向命運抗爭，最後學到織布的本領，改變了家鄉人的生活，民間都把她稱為「布業始祖」。

黃道婆學藝之謎

原來人們普遍認為，黃道婆在海南跟黎族同胞學到了織布的技術，並且將當地先進的織布機製造技術也帶回了中原。但是最近的研究發現，黃道婆製造的織布機要比當時黎族同胞所用的織布機先進得多。所以有人認為，黃道婆不僅向黎族同胞學習過織布技術和製造織布機的技術，還向其他許多人都學習過相關技術，最後將這些技術結合到一起，再加上她自己的創造和發明，才製造出了當時最先進的織布機。

當時的世界

大約在 1295—1297 年，黃道婆返回故鄉，將紡紗技術傳給當地人。也就大約在這個時期，中國的指南針、火藥技術傳入歐洲，但是紡紗技術在歐洲普及則是幾百年後的事情了。

推崇儒道的元仁宗

元朝的「文化皇帝」

一提起元朝的皇帝，大家都會想到忽必烈這樣的「馬上皇帝」，覺得他們都沒有甚麼文化。其實，元朝也有很有文化的皇帝，元仁宗就是。

元仁宗叫愛育黎拔力八達，他的哥哥是元武宗海山。當年各皇子爭皇位的時候，元仁宗本來也有機會搶皇位，但他不願參與皇位的爭奪，而是堅決擁護哥哥當皇帝，給了元武宗很大支持。元武宗即位後很感激弟弟，於是承諾等自己死後把皇位傳給弟弟。等到弟弟去世，再把皇位傳回自己的兒子。沒想到，元武宗即位剛三年就去世了，這樣一來，皇位就傳到元仁宗這裏。

和崇尚武勇的哥哥不同，元仁宗是個徹徹底底的文化人。他從小就對儒家文化很感興趣，天天學習四書五經，和中原人沒甚麼不同。當上皇帝後，他馬上否定了哥哥的統治政策，開始用儒家思想來統治國家。

之前元武宗提拔了很多心腹，他們大多都是蒙古武將，並不懂得怎樣處理朝政。元仁宗罷免了他們，起用了大量漢族文官。元武宗曾在民間大量發行一種叫「至大銀鈔」的紙鈔，導致嚴重的通貨膨脹，

錢越來越不值錢，百姓們的生活非常困難。元仁宗即位後，廢除了這種紙鈔，恢復之前的金屬貨幣。此外，他還叫停了元武宗營建中都的計劃。經過元仁宗的治理，百姓們的負擔減輕了不少，尖銳的社會矛盾也有所緩和。

元仁宗還有一項重大措施，就是恢復科舉制度。大家都知道，唐宋時期一直採用科舉制來選拔官員。可是到了元朝，一切都變了。蒙古人從小在馬背上長大，自然不喜歡讀書，也不喜歡科舉考試，元朝建立後就廢除了科舉考試。那他們怎麼選拔官員呢？很簡單，從蒙古貴族裏選，父親死了兒子頂上，肥水不落外人田。可是那些蒙古貴族擅長騎馬射箭，並不擅長處理煩瑣的朝政。這就導致朝廷中的無能之輩越來越多，朝政被搞得一團糟。

另一方面，沒有了科舉制，漢人中的讀書人就沒有了前途，地位也一落千丈。元朝統治者還把百姓按職業分為十等：一官、二吏、三僧、四道、五醫、六工、七獵、八民、九儒、十丐。儒生排在倒數第二等，只比乞丐稍微好一點。大家可以想想，這些讀書人得有多大的怨氣？

元仁宗察覺到這個現象後，果斷裁掉了朝廷中不做事的人，並決定恢復科舉制度，提倡儒家文化。聽到這個消息，那些蒙古貴族可不樂意了。他們認為元朝是蒙古人的元朝，憑甚麼讓漢人來管理？要是他們都能來當官，那自己的位子不就保不住了嗎？於是他們紛紛表示反對。元仁宗早就料到他們會這樣，反覆跟他們擺事實、講道理，最後雙方都妥協了：科舉考試可以恢復，但要嚴格控制錄取的人數，每次不能超過一百人。

當時元朝有幾千萬人口，讀書人自然也不會少，科舉考試卻只錄取一百人，這得有多難？可即使是這樣，廣大讀書人還是看到了一絲希望，他們抱着極大的熱情來參加科舉。從 1314 年開始，科舉考試在全國範圍內恢復，第一次科考共有五十六人考中了進士。從此，普通讀書人又可以通過科舉考試去當官了，而朝廷也可以招到一些真正有才華的人。

除了讓漢人來朝廷做官，元仁宗還想讓那些不學無術的蒙古貴族也接受一下中原文化的熏陶。於是他讓人把《尚書》、《貞觀政要》、《資治通鑒》等經典都翻譯成蒙文，供蒙古貴族們學習。此外，元仁宗還下令出版了《農桑輯要》、《孝經》這樣的書，一方面方便元朝老百姓種莊稼，一方

面增加中原文化的影響力。

元仁宗的這些措施,大部分都取得了很好的成效,不過也有一些改革失敗了。比如他撤銷了蒙古貴族領地內的斷事官,想要收回他們審判案件的權力,從而限制他們的勢力。結果蒙古貴族們羣起反對,最後只得又回到以前的樣子。再比如,元仁宗下令在一些地方核查田產數量,以便增加全國的稅收。這下,那些有很多土地的地主們又不樂意了,他們偷偷買通負責登記的官員,隱瞞自己的田產數量,反而把田產算在貧窮的老百姓頭上。百姓活不下去,自然會發動起義。雖然起義最後都被鎮壓下去了,但朝廷核查田產的命令就這麼不了了之,社會矛盾還是沒有解決。

1320 年,元仁宗在大都病逝,年僅三十五歲。他在位九年,推行的很多措施使元朝重現了往日的繁榮景象,算得上是元朝歷史上很有作為的皇帝。但他去世前卻做了一件錯事:沒有按照當初的約定把皇位傳給元武宗的兒子,而是傳給了自己的兒子。這下,那些本來就對他有意見的人就找到了發動叛亂的藉口,也為元朝後來的內亂埋下了伏筆。

盛產短命皇帝的元朝

元仁宗死的時候才三十五歲,即使是在古代,也算是壽命比較短的了。事實上,除了他之外,元朝其他皇帝的壽命也都不長。比如元武宗死的時候三十一歲,元仁宗的繼任者元英宗死的時候才二十一歲,元文宗死的時候二十九歲。

當時的世界

1314 年,元朝恢復了科舉制度。此時的英國國王愛德華二世正率軍入侵蘇格蘭,以便解除蘇格蘭軍隊對斯特林城堡的圍困。

南坡之變

未及施展抱負就死掉的少年君臣　· · · · · · · · · · · · · ·

　　古代壽命不長的皇帝，有的是因為身體不好病死的，有的是被人害死的，有的是在政變中失敗被殺的。在這些皇帝當中，元朝的英宗是十分令人惋惜的，他本來可以有一番作為，卻英年早逝──二十一歲就去世了。那麼，元英宗究竟經歷了甚麼呢？

　　元英宗叫碩德八剌，是上節主角元仁宗的嫡子。前面說過，元仁宗熱愛漢文化。元英宗受父親的影響，同樣喜歡漢文化。本來元英宗是當不了皇帝的，因為元仁宗答應過哥哥元武宗，要把皇位傳給哥哥的兒子，可是元仁宗違背了諾言，把皇位傳給了自己的兒子，碩德八剌就這樣登上了皇位。

都説新官上任三把火，但元英宗卻一把火都燒不起來，因為他太年輕了，即位時只有十七歲，在朝廷裏根本沒有甚麼威望，向着他的大臣少之又少。

不僅如此，元英宗的祖母——太皇太后答己也不是善類。元英宗即位前，她就把親信鐵木迭（dié，粵音秩）兒任命為右丞相。這兩個人相互勾結，把持着朝廷的大權，把反對他們的人統統殺了。元仁宗時期任命的漢人官員幾乎全軍覆沒，年輕的元英宗孤立無援。

為了組建自己的「創業團隊」，元英宗任命拜住為左丞相。拜住當時只有二十二歲，比元英宗大不了多少。不過他的來頭可不小，他的祖先是成吉思汗手下的大將木華黎，他的爺爺還給忽必烈當過丞相。同時，元英宗還提拔了皇后的哥哥鐵失，想用他們來對付太皇太后和鐵木迭兒。

拜住上任後，立刻開始幫元英宗奪取權力。他不敢惹太皇太后，於是決定先打倒鐵木迭兒。鐵木迭兒當然也知道元英宗、拜住的心思，他也一樣不敢惹元英宗，只把拜住作為進攻目標。雙方鬥來鬥去，都想鏟除對方。但拜住為人耿直、遵紀守法，沒有甚麼把柄；鐵木迭兒就不一樣了，他殺人放火、貪污受賄，仗着

太皇太后的勢力，甚麼違法的事都敢做。

後來，拜住抓住了鐵木迭兒貪贓受賄的證據，準備徹底打倒他。元英宗早就在等這個機會，立刻處決了很多涉案的人員，不過看在祖母的面子上，並沒有治鐵木迭兒的罪。而鐵木迭兒也挺「配合」元英宗的，他害怕被秋後算賬，整天心驚膽戰，不久就一命嗚呼了。

鐵木迭兒一死，太皇太后最得力的親信就沒了。她本來就上了年紀，現在又被卸下了左膀右臂，一下子連氣帶病，只過了兩個月就死了。這下，元英宗終於揚眉吐氣了，他一直以來都在祖母的壓制下過日子，想做甚麼事都得看祖母的臉色。如今他感到從未有過的輕鬆：終於可以大展拳腳，施展自己的抱負了！

元英宗先是清理了一批朝廷的蛀蟲，又重新起用了很多漢族知識分子，一些之前被開除的漢臣都被召了回來，還被破格提升。為了樹立元朝中原正統的形象，英宗還下令修訂了一部新法案頒行天下。在拜住的主持下，英宗繼續清理太皇太后的親信和黨羽，追查鐵木迭兒的案件。最後，元英宗下令殺了鐵木迭兒的長子，罷黜（chù，粵音出）了他的次子，沒收了他的財產，還將他的黨羽一網打盡。

元英宗以為自己已經斬草除根，可以從此高枕無憂了，可他卻獨獨漏掉了一個人，這就是鐵失。鐵失是皇后的哥哥，是元英宗提拔起來的。可鐵失同時也是鐵木迭兒的義子，和貪贓受賄案有着千絲萬縷的關係。元英宗雖然知道這點，卻認為自己對他有恩，他理應忠於自己，再加上皇后的關係，結果不但赦免了他，還把貼身禁軍交給他指揮。這也為後來的變故埋下了一顆計時炸彈。

鐵失很清楚，元英宗雖然放過了自己，但是拜住卻沒有皇帝那樣的肚量，他一直在步步緊逼，一旦找到機會，肯定會把自己置於死地。於是鐵失一不做二不休，私下聯繫了一些對英宗不滿的蒙古貴族，策劃了一場血腥而殘忍的屠殺。

1323 年的一天夜裏，從上都避暑回來的英宗在回大都的路上，住在一個叫南坡店的地方。鐵失利用職務之便，突然發動了兵變。他們先是闖進了拜住的帳篷。拜住反應也很快，他馬上意識到危險，一邊喊人營救，

一邊大聲呵斥他們。但還是晚了一步，叛軍向拜住刺了好幾刀，拜住一頭倒在血泊裏。

元英宗這時正在休息，他聽到帳外的嘈雜聲，趕忙穿上衣服，打算叫上侍衛一起去看看情況。但還沒等他出帳，兩眼通紅、一身污血的鐵失就拿着刀闖了進來，不由分說，直接朝元英宗的胸口捅了一刀。元英宗倒在地上，痛苦又憤怒地望着鐵失，不明白他為甚麼要這樣對待自己。鐵失又上去補了幾刀，直到元英宗氣絕身亡。

就這樣，兩個胸懷大志、志存高遠的少年君臣，慘死在鐵失這一羣人的亂刀之下，歷史上稱此事件為「南坡之變」。

知識加油站 文化

臥佛寺

北京西山有一座古剎，名叫十方普覺寺，始建於唐貞觀年間。因寺內有一尊銅鑄的臥姿釋迦牟尼涅槃（niè pán，粵音躡盤）銅像，所以人們更願意叫它臥佛寺。元至治元年（1321 年），元英宗命工匠用 54 噸銅鑄造了這尊長約 5 米、高 1.6 米的臥佛像，它是目前世界上最大的銅鑄臥佛像。

當時的世界

1323 年，「南坡之變」。這個時期，土耳其的鄂圖曼帝國已初具規模。三年後，也就是 1326 年，土耳其人出兵魯姆，吞併了魯姆蘇丹國大片的土地。

兩都之爭

第二次「遺產」爭奪戰 ......

上一節講到，元英宗、拜住
這對年輕有為的君臣還沒來得及施
展自己的才幹，就被叛亂的鐵失所
殺。而亂局並沒有結束，反而越演
越烈。

鐵失殺害元英宗之後，需要擁立新
的皇帝，他找到鎮守漠北（今蒙古南部戈壁
以北）的忽必烈曾孫也孫鐵木兒，問他想不想當皇帝。也孫鐵木兒
思來想去，覺得不可錯過白白得來的機會，於是登上了皇位，他就是歷史
上的泰定帝。

大家肯定注意到了，前面的皇帝稱號都是「宗」，只有泰定帝是
「帝」。這是因為，「宗」是古代皇帝的廟號，後世的皇帝認為泰定帝是篡
位，不是合法的皇帝，不能入太廟，所以也就沒給他擬定廟號，只能用年
號「泰定」來指代這位皇帝。

泰定帝心裏很清楚，自己的皇位來路不正，肯定有很多人不服氣。而
且鐵失那夥人是個大禍害，他們能殺了之前的皇帝，同樣能找個藉口殺自
己。沒過多久，泰定帝就找機會把鐵失和那些參與「南坡之變」的人全都
殺死了。鐵失機關算盡，雙手沾滿鮮血，到頭來也不過多活了一陣子而已。

為了鞏固統治，泰定帝採取了很多籠絡人心的措施，並且努力維護政
局的穩定。他從漠北把之前的部下都調到大都來幫忙，還把自己的親信倒
剌沙任命為左丞相。可是倒剌沙非常貪婪，他把持着朝廷大權，打擊那些
反對他的人，還貪贓枉法。元朝的統治又變得黑暗起來。

前面提過，元朝有兩個首都，一個是忽必烈當年設立的上都，另一個
是大都。按照元朝的制度，每年四月，元朝皇帝都要離開大都北上，到上

都去避暑，住到八月份再回大都過冬。沒想到，泰定帝有一年去上都避暑的時候病逝了，在位僅僅五年。

　　泰定帝一死，倒剌沙成了最有權勢的人。他之前就獨攬大權，現在更是隻手遮天。本來，泰定帝已經立了自己五歲的兒子阿速吉八為太子，可倒剌沙偏偏拖着不讓小太子即位，而是要尋找機會篡權奪位。這麼一來，留守大都的大臣們都不配合了，一場關於皇位的爭奪戰即將打響。

　　留守大都的大臣們以燕鐵木兒為首。他之前是元武宗海山的親信，又經歷了元仁宗、元英宗、泰定帝，如今已經是四朝元老。這麼多年，燕鐵木兒一直忠於元武宗，認為皇位應該屬於元武宗的兒子。眼下機會來了，無論如何他都要讓元武宗的兒子繼承皇位。

　　泰定帝去世的消息傳到大都，燕鐵木兒馬上開始行動。他帶着很多勇士，明晃晃地拿着鋼刀來到大都的宮殿裏，在文武百官的面前宣佈：「天下本來是武宗的天下，應該讓武宗的兒子繼任，誰不服氣請站出來！」

　　大臣們聽他這麼一說，都很吃驚。一位大臣馬上站出來指責他謀反，燕鐵木兒二話不說，上去一刀就把他砍倒在地，接着又問：「還有誰不服

氣？」又有一些反對他的大臣站出來。燕鐵木兒把他們統統抓起來關進監獄，就這樣順利控制了大都的局勢。

元武宗的兒子們此時都不在大都，嫡長子和世琜（là，粵音辣）當年被叔叔元仁宗迫害，逃到了新疆阿爾泰山一帶，距離實在太遠了，一時半刻趕不回來。次子圖帖睦爾在江陵，倒是近得多。於是燕鐵木兒一邊不斷招募士兵，籌備糧草兵器，一邊派人前往江陵把圖帖睦爾接回大都繼承皇位，改元（指君王更改年號）「天曆」，他就是歷史上的元文宗。

倒剌沙聽到消息，知道這回肯定是你死我活，他馬上擁立年僅九歲的小太子阿速吉八為皇帝，改元「天順」。這樣一來，元朝就有了兩個皇帝，一個是大都的圖帖睦爾，一個是上都的阿速吉八。兩邊都說自己才是正統，但一山不容二虎，一個國家也容不下兩個皇帝，一場大戰在所難免。

在「兩都之戰」中，上都的優勢剛開始還是非常明顯的。在軍事方面，上都擁有隨駕的禁衛軍和諸衛大軍，又得到遼東諸王、陝西行省等地方的支持，兵力頗為雄盛。而大都方面只有燕鐵木兒掌握的一些軍隊和臨時拼湊起來的軍隊。在血統方面，上都的阿速吉八很早就被立為太子，很多人都認為他才是合法的繼承人。而大都的圖帖睦爾屬於起兵奪位，多數人認為他是叛逆。

倒剌沙決定主動出兵征討叛臣，但他的軍事才能實在是一塌糊塗。他擺出一副浩大的聲勢，兵分四路，一路出居庸關，一路出古北口，一路從遼東包抄，一路自山西迂迴，陝西這邊又分出三路進攻。為了攻打一個大都，倒剌沙竟然兵分七路，七條行軍路線簡直把半個中國都包進去了，他覺得這樣可以顯得聲勢浩大，既是嚇唬大都軍，也是在天下百姓面前炫耀自己的兵力。可他也不想想，這麼一來就把兵力分散了。

果然，大都這邊，燕鐵木兒看出了敵軍的問題。他知道自己勢單力薄，硬拚是拚不過的，最好的辦法是集中兵力各個擊破，於是率軍在長城隘口往來奔突，連續作戰。有一次，燕鐵木兒在今天的北京昌平、密雲一帶阻擊上都軍。一開始，上都的軍隊仗着兵強馬壯佔據了上風。燕鐵木兒一看形勢很危急，就親自披掛上陣，衝入敵軍陣營廝殺。畢竟是當年跟隨

元武宗的將領，燕鐵木兒的武力很強，一時無人能擋。部下們一看主將這麼勇猛，也都大受鼓舞，一個個發瘋似的往前衝。上都軍隊漸漸沒了士氣，最後被打得落花流水。

經過一場場艱難的戰鬥，燕鐵木兒最終化險為夷，站穩了腳跟。隨着時間的推移，上都方面發現自己越打越吃力。他們身處草原，本來物資就不太富裕，南方的補給又過不來，士兵們缺衣少食，自然就沒了鬥志。大都卻是京杭大運河的北端，與中原地區和東南沿海那些富裕的地方聯繫緊密，物資非常充沛，士兵越打越起勁。

打了兩個多月後，倒剌沙戰敗投降，乖乖地交出了玉璽，皇位終於又回到了元武宗海山的兒子手中。這就是歷史上著名的「兩都之爭」。

元文宗「兩次當皇帝」

上面的故事中提到，元文宗之所以可以當皇帝，是因為自己的哥哥和世㻋在新疆，距離太遠。但是文宗即位之初就與大臣們約定並昭告天下，等他哥哥回來後他就退位，把皇位讓給哥哥。

「兩都之戰」後，文宗為了實現自己的承諾，便派使臣請哥哥和世㻋回來做了皇帝，歷史上稱為元明宗。可是和世㻋皇帝沒當多久，燕鐵木兒就用毒酒害死了他。於是，元文宗不得不第二次當上了皇帝。

當時的世界

1327 年，就在「兩都之爭」發生的前一年，英格蘭國王愛德華二世被迫讓出了王位，他的兒子愛德華三世加冕成為新的英格蘭國王，但是權力卻由權臣馬奇伯爵掌握着。1328 年，「兩都之爭」，元文宗正式成為名正言順的皇帝，但權力卻由燕鐵木兒掌握。

元曲的興起

美麗而直白的「唱詞」 · · · · · · · · · · · · · ·

前面我們介紹過唐詩、宋詞，元代同樣有一種藝術形式與它們齊名，這就是元曲。

大家都知道，元代是一個多民族文化大融合的朝代。隨着蒙古帝國不斷擴張，蒙古人一邊給中亞、西亞這些被征服的地區帶來自己的草原游牧文化，一方面又汲取了當地的不少文化。等到蒙古滅宋，建立元朝，他們的文化中又大量汲取了中原文化，元大都更是成為各民族文化融合的主要聚集地。元曲就是在這樣的時代背景下興起和發展的。

元曲包括元散曲、元雜劇和南戲。先說元散曲。前面講過宋詞，詞人們給各種詞牌填上歌詞，然後歌伎按曲調唱出來。元散曲也是這種形式，但比宋詞更加通俗。這也和當時的社會現實有關。宋朝極其重文輕武，所以讀書人地位都很高，日子過得很舒坦。可到了元朝，一切都反過來了。蒙古人極端尚武，不重視文化，讀書人的地位一落千丈。這種情況下，如果再像唐宋時期那樣創作「高雅」的詩詞，肯定沒甚麼人買帳。

元朝的知識分子們就面臨着這種情況，他們只好去民間曲子中尋找靈感，散曲就是這樣創作出來的。它主要分為「小令」和「套數」兩類，小令主要是流傳在民間的小曲，形式特別簡單，文字非常簡短，方便人們清唱。比如這首非常有名的散曲：

枯藤老樹昏鴉，
小橋流水人家，
古道西風瘦馬。
夕陽西下，
斷腸人在天涯！

這支散曲就是大名鼎鼎的《天淨沙・秋思》，作者是馬致遠。它加起來也不到三十個

字，卻在聽眾眼前勾勒出一幅非常有意境的秋日黃昏景象，最後一句「斷腸人在天涯」更是勾起人們無盡的鄉愁。

如果是好幾首同一曲調的小令連起來，就成了「套數」或者「套曲」，它和雜劇很像，不過比雜劇短，而且只能唱，不能表演。所以，散曲有時又叫「清曲」。

散曲最大的特點就是通俗易懂，內容非常樸實自然，用詞也很口語化。比如睢（suī，粵音需）景臣創作的《般涉調·高祖還鄉》，借用了歷

史上劉邦回沛縣見家鄉父老的著名故事，卻把主角設計為劉邦的一位舊相識，通過這位老鄉的眼睛來看劉邦還鄉，本來是「威加海內兮歸故鄉」的盛大場面，在這位老鄉眼裏卻處處都顯得滑稽可笑。在他看來，威嚴的皇家儀仗只不過是「拿着些不曾見的器仗，穿着些大作怪的衣服」。而認出劉邦之後，老鄉更是想起他當年坑蒙拐騙、欠自己賬這類醜事，甚至以為劉邦是為了賴賬才特意改名字：「白甚麼改了姓、更了名，喚做漢高祖！」這首《高祖還鄉》表面上是諷刺劉邦，其實是諷刺元朝的統治者。

元雜劇則是戲劇，前面講過的《竇娥冤》就屬於這一類。「雜劇」早在唐末就出現了，在宋金兩代，歌舞、滑稽表演、雜耍、說唱這些節目都被歸入這一類，到元代則逐漸發展成為真正的戲劇，集說、唱、音樂、舞蹈為一體。每本雜劇通常是四折，一般按照劇情的開端、發展、高潮和結束來劃分，角色一般分末、旦、淨、雜四大類。

元代出現了有名的元曲四大家，分別是關漢卿、白樸、鄭光祖、馬致遠，他們代表了元代不同時期不同流派雜劇創作的成就。其中，關漢卿的《竇娥冤》、馬致遠的《漢宮秋》、白樸的《梧桐雨》，加上紀君祥的《趙氏孤兒》，合稱為「元曲四大悲劇」。鄭光祖則創作出了著名的愛情劇《倩女離魂》。

《竇娥冤》前面介紹過。《漢宮秋》講的是「昭君出塞」的故事：西漢元帝時期，漢朝受到匈奴的威脅，漢元帝被迫將他的愛妃王昭君送出要

塞，上演了一場生離死別的戲碼。《梧桐雨》取材自白居易的《長恨歌》，寫的是唐明皇李隆基與楊貴妃的愛情悲劇故事。

《趙氏孤兒》則來自「下宮之難」：春秋時期，晉國貴族趙氏受奸臣屠岸賈陷害，即將被滅門。危急關頭，趙氏的兩位家臣程嬰、公孫杵（chǔ，粵音 cyu2）臼救了正在懷孕的莊姬。莊姬生下趙武後，程嬰為了保護趙氏最後的血脈，忍痛讓自己的兒子冒充趙武，被屠岸賈殺害，自己則帶着真的趙武藏進深山，把他撫養大。公孫杵臼也裝作掩護假的趙武，並因此而死。趙武長大後，殺死屠岸賈，復興了趙氏。程嬰則為了告慰公孫杵臼，自殺而死。這個故事流傳非常廣，連法國哲學家伏爾泰都把它改編為《中國孤兒》，在歐洲演出。《倩女離魂》這部愛情劇講的則是倩女這個女子為了愛情，不惜讓自己的靈魂脫離身體，追逐愛人的故事。

最後再來說說南戲。它是在南方流行的劇種，在元代時並沒有雜劇有名，但是由於它自由、靈活，不像雜劇受曲調的限制，外加獨有的唱腔，配上南方的曲子，在民間不斷發展。著名的崑曲就是從南戲發展而來的。

元曲從元代一直到後來的明代、清代，都被人們廣為傳誦，成為中華文化的重要組成部分，是元代留給後人的一筆寶貴財富。元曲的興盛也顯示出元朝遼闊的疆域、豐富多彩的民族文化和包容的文化政策。只有在這樣的大環境中，藝術才有條件生根發芽，開花結果。

知識加油站 文化

元曲的「開山祖師」——元好問

元好問是金朝著名的文學家，因為詩文寫得好，有「金朝文冠」的美譽。他曾在金朝做過官，後來金國被蒙古和宋朝聯手滅掉後，他便回家鄉隱居了起來。

他隱居時寫過一首《驟雨打新荷》，被認為是元曲的開創之作，他也因此被很多學者認為是元曲的「開山祖師」。

元好問老年時，蒙古官員聽說他很有才華，就想讓他出來做官，可是他始終沒有答應，依舊隱居，潛心著作，直至去世。

脫脫改革

元朝第一名臣 ∙∙∙∙∙∙∙∙∙∙∙∙∙∙∙∙∙∙∙∙∙∙∙∙∙

　　大家還記得我們前面介紹過的改革家嗎？比如戰國時期的商鞅、北宋時期的王安石等。元朝也有一位改革家，他就是脫脫。

　　脫脫出身於蒙古的一個顯赫家族，他的父親馬札兒台是當朝的大官，伯父伯顏後來更是當了宰相，足足掌權八年。脫脫從小在伯父家裏長大，少年時就展現出驚人的天賦，力氣特別大，據說能拉開力量有一石（古代一種計量單位）的硬弓，大家都覺得他一定會成為將軍。但脫脫的父親還是希望他多讀書，就讓他拜當時的儒學大師吳直方為老師。在吳直方的指導下，脫脫不但飽讀詩書、精通儒學，在書法和繪畫方面也有不錯的造詣，後來吳直方也成了他的心腹幕僚。

十五六歲的時候，脫脫已經成長為意氣風發、能文能武的少年了，在官場上也開始嶄露頭角。這時候的元朝皇帝是元順帝，伯顏因為擁立皇帝有功，當上了宰相。他很欣賞脫脫，把自己這個姪子當成心腹加以重用。

　　伯顏是一個典型的蒙古貴族，一向很歧視漢人，他在掌權期間濫殺無辜，迫害了很多漢族官員和普通百姓，甚至連元順帝都不放在眼裏。他還又一次取消了科舉考試。

　　脫脫從小接觸儒家文化，漢化程度非常深，因此看不慣伯父的種種行為。他對父親說：「伯父現在看着是挺威風，但說不定哪天就被皇帝整治了，到時候我們也會受到牽連。不如先下手為強，我們主動出手把他整治了！」父親馬札兒台一方面顧及手足親情，一方面也是怕萬一失敗，自己整個家族就全完了，因此不敢行動。

　　脫脫又問老師吳直方該怎麼辦，吳直方從典籍中引用了一個詞：大義滅親，勸他下定決心。脫脫再問：要是失敗了呢？吳直方回答：「那就是天意讓我們失敗，死了也沒甚麼可後悔的。就算被殺，我們也成忠義之士了。」於是，脫脫下定了鏟除伯顏的決心。

　　脫脫找到元順帝，提出要聯手除掉伯顏。元順帝早就受夠了伯顏的欺負，當然求之不得，很快和脫脫商量好了對策。

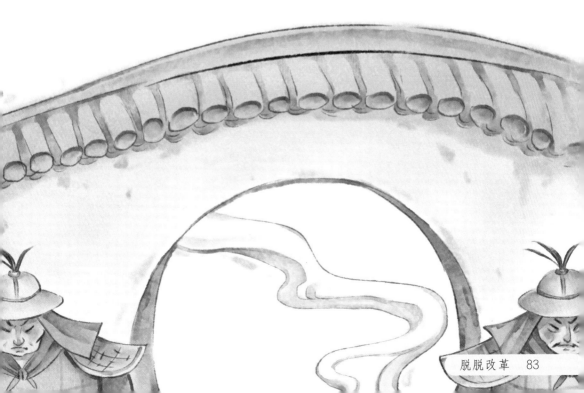

這天，伯顏剛好外出打獵去了，脫脫抓住這個機會，把城裏的守衛都換成了自己的人，並以元順帝的名義發佈詔書，列舉了伯顏的種種罪狀，還關閉了元大都的所有城門，脫脫親自守在城頭。伯顏絲毫沒有防備，只能束手就擒。在脫脫的幫助之下，元順帝把伯顏發配到廣東，徹底鏟除了他的勢力。

在這之後，元順帝把脫脫任命為宰相。從此，他開始用自己的才能幫助元順帝推行改革，歷史上稱為「脫脫更化」。元順帝對他也十分信任，把國家大事都交給他處理。這時他年僅二十七歲。

在老師吳直方的建議下，脫脫重新恢復了被伯顏中斷的科舉制度，大力興辦學校，還挑選儒臣來給皇帝講課，勸皇帝讀聖賢書。

除此之外，脫脫也在盡力解決國內的經濟危機。他撤除了一些禁令和不必要的賦稅，減輕老百姓的負擔。當時紙幣一直在貶值，脫脫改變了紙幣與銅錢之間的換算，在曾經流通的中統交鈔上蓋上了「至正交鈔」的大印，還發行「至正通寶錢」，讓紙幣和銅錢可以通用。可惜這種改法很快引發了通貨膨脹，最終宣告失敗。

後來，黃河爆發了水患。黃河水患自古就是一個棘手的難題，脫脫任命大臣賈魯擔任「行都水監使」，負責治理河患。賈魯認為必須投入大量人力才能治理河患，這叫「役不大興，害不能已」。大臣們對此產生了巨大的意見分歧，因為當時百姓們的生活已經非常艱苦了，如果再徵發百姓治理黃河，很可能會造成社會動盪。

但脫脫最終還是決定全力治理黃河，他說：「有難做的事情，就好像有難治的病。自古以來，黃河水患就是難治的病，現在我要治好它。」脫脫不是不知道治理黃河會給百姓帶來沉重負擔，但他更考慮到，零敲碎打、小修小補的治理起不到甚麼作用，而水患越拖越會帶來更多的社會問題，長痛不如短痛，雖然有風險，但也還是得試。

脫脫採用疏導加圍堵的策略，徵發了十五萬民工去修理黃河故道，總共用了將近二百天，終於成功完成了治河工程。然而這樣一來，本就貧苦不堪的百姓更是雪上加霜，對朝廷更加怨聲載道，「紅巾軍起義」就這樣爆發了。

這也讓元順帝十分惱火，把脫脫叫來斥責一通：「你之前說天下太平無事，如今紅巾軍都快佔領一半疆土了，丞相你怎麼解決？」脫脫緊張得汗流浹背。他雖然有治理好國家的願望和決心，自己也很有能力，可個人再怎麼強，也無法與整個天下大勢抗衡。這時的元朝已經成了一個爛攤子，誰都治不好，起義也是早晚要爆發的。

脫脫沒辦法，只能親自帶兵出征鎮壓農民起義。他消滅了很多起義軍，殺了很多人，可是起義軍越打越多。元順帝也對脫脫猜疑起來。後來，脫脫被罷官流放，在流放途中被元順帝派人毒死，年僅四十二歲。一代名相就這樣離開了歷史的舞台。

《遼史》、《金史》、《宋史》的修撰

　　從唐朝開始，修撰史書時便出現了一個傳統，就是後面的朝代在取代前面的朝代後，官方都會召集人員為前朝修撰史書。比如隋朝滅亡後，唐太宗就命魏徵主持修撰了《隋書》。唐朝滅亡後，宋仁宗也組織大臣們為唐朝修撰史書，宋祁（qí，粵音歧）、歐陽修、范鎮等人先後都參與其中，最終修成了一部官方史書，我們稱它為《新唐書》。可是到了元代時卻出現了一個問題，宋朝一直是和遼、金並存的，所以元代準備修撰史書時，一直為宋、遼、金誰是正統爭論不休，以致遲遲沒有開工。直到脫脫執政時，這個問題才得到了解決。脫脫主張為宋、遼、金分別修撰史書，三朝各為正統，平等對待。脫脫組織人員，先後修撰完成了《遼史》、《金史》、《宋史》。

當時的世界

　　1341 年，「脫脫更化」。十七歲的蘇格蘭國王大衛二世返回蘇格蘭，正式領導國家的獨立戰爭，使得國內士氣大振，加上與法國同盟，使他取得了不小的成績。

元朝滅亡

一隻眼的石人

　　上節講到，元朝末年爆發了「紅巾軍起義」。而這場起義的原因，得從黃河水患說起。

　　黃河水患是在 1344 年發生的，傾盆暴雨連下了二十多天，水位暴漲的黃河就好像一條發狂的巨龍，接連沖毀兩岸堤壩，淹沒了山東、河南、安徽、江蘇、河北境內的眾多城鎮與村落。洪水肆虐的同時瘟疫橫行，一時間，難民、病患的數量激增到一百萬戶。再加上國庫空虛，宰相脫脫大量印發紙鈔導致通貨膨脹，整個天下都陷入了混亂，無數百姓在生死邊緣掙扎。

上節説到賈魯負責治理水患。可是，賈魯治河雖然很有一套，但他手下那些貪官污吏卻想着趁機撈一筆，他們剋扣河工的工錢和食物，還逼迫他們沒日沒夜地工作。大家吃不飽、睡不夠，天天累得要死，還沒甚麼工錢，全都恨透了這些黑心的官吏。

　　這時候，一個叫韓山童的人站了出來。他信奉一種宗教「白蓮教」，並一直在祕密傳道，告訴那些受苦受難的百姓們，一旦「明王」出世，大家的日子就會好過了。許多百姓都跟着他，祈求得到神靈保佑。韓山童看到朝廷治理黃河鬧得民不聊生，覺得這是發動起義、奪取政權的大好機會，就和自己的得力助手劉福通商量，編了一則民謠到處傳播：「石人一隻眼，挑動黃河天下反。」

　　沒過多久，黃陵崗（今山東省菏澤市曹縣西南）工地上出了一件怪事。一隊河工正在清理河道的沙石，鐵鍬（xiān，粵音軒）下突然傳來叮的一聲，河工們以為挖到了寶貝，忙活了小半天，一個背上刻着字的獨眼石人出現在眾人眼前。

　　幾個識字的工人扒掉石人背後的泥塊，一個字一個字地唸了起來：「莫道石人一隻眼，此物一出天下反。」

　　話音剛落，在場的河工都想起了前幾天聽到的那句民謠，又是吃驚，又是害怕，又是竊喜。他們早就恨透了朝廷，一直想找機會殺掉那些貪官污吏，只是沒人帶頭。如今這石人應驗了流言，讓他們隱約看到了希望。

挖出石人這件事很快傳遍了整個黃河工地。經過近一個月的發酵，韓山童覺得「石人計劃」已經取得了超過預期的效果，便打出「宋徽宗八世孫」的旗號，劉福通也認了南宋名將劉光世作祖宗，成為起義軍的第二把交椅。他們把三千名「狂信徒」聚集到潁（yǐng，粵音泳）州（今安徽省阜陽市），正式宣誓起義，還打出一面戰旗，上面寫着「虎賁（bēn，粵音彬）三千，直抵幽燕之地；龍飛九五，重開大宋之天」，表示推翻元朝、恢復大宋的決心。

　　誰也沒想到，官府早就聽到了風聲。他們剛宣佈起義，官軍就來鎮壓了，韓山童和很多起義骨幹都遇害了，只有韓山童的妻子帶着兒子韓林兒逃脫官府的追捕，藏了起來。劉福通也突圍出來，把教徒們都組織起來。為了增強組織性，他讓大家都戴上紅頭巾，自稱「紅巾軍」；起義軍大部分都是白蓮教徒，平時要燒香拜佛，所以又稱「香軍」。劉福通帶領着他們，一舉攻佔了潁州。

　　元順帝趕緊派出「阿速軍」前來鎮壓。阿速軍本來是元朝的精銳隊伍，都由色目人組成，但是當時已經十分腐敗，士兵只知道四處搶劫，將領只知道吃喝玩樂、中飽私囊。碰上紅巾軍之後，主將禿赤看到對面漫山遍野一片火紅，自己先嚇破了膽，還沒交鋒就直接調轉馬頭，揮着鞭子向後逃跑。士兵們一看連主將都臨陣脫逃了，也都呼啦一下逃散了。

　　很快，全國各地的百姓有樣學樣，紛紛舉行起義。不到半年，紅巾軍的規模就擴大到十萬人。李二、彭大、彭早、王權等北方白蓮教骨幹，也領導着北瑣紅巾軍奪取了數十座城池。入夏後，白蓮教在南方的領導人彭瑩玉也揭竿而起。初冬時節，他的門徒徐壽輝也領兵起義，還給自己的政權起了個好名字：蒙古統治者自稱「大元」，他故意給大、元兩個字添了幾筆，自稱「天完」政權，意思是克制「大元」。天完政權順利佔領了湖北、湖南、江西、福建、浙江、廣西等很多地區。

　　後來，劉福通還把韓林兒接到亳（bó，粵音博）州，把他立為「小明王」，建立了大宋政權。隨後，紅巾軍兵分三路開始北伐，用兩年時間攻破了開封城，大宋政權也遷都到了這裏。紅巾軍的勢力至此發展到了頂點。但好景不長，元順帝又派出大軍來鎮壓起義軍，把開封包圍了三個

月，終於攻破城池，俘虜了大宋政權的大部分官員。

劉福通掩護韓林兒從開封逃走，又繼續堅持了一段時間，被另一支起義軍首領張士誠率領的大軍圍攻。劉福通只好向另一位起義軍領袖朱元璋求救。朱元璋擊潰張士誠，解救了韓林兒和劉福通。後來，劉福通還是在與張士誠的對抗中被殺，韓林兒更是成了一個擺設。朱元璋漸漸成為勢力最強的起義軍領袖，最終在應天府（今江蘇省南京市）稱帝，建立了明朝。

後來，朱元璋命徐達為大將，北上攻打元朝，不到一年時間就逼近元大都。此時的元順帝已經沒有可以抵擋明軍的軍隊，只好連夜帶着太子、皇妃以及一百多位大臣，倉皇逃出了元大都，一路向北逃到上都去了。

徐達率兵進駐大都，將明軍旗幟插上城樓。至此，元王朝算是退出了歷史舞台。中國歷史又翻開了新的一頁。

知識加油站 科學

元順帝宮漏

元順帝在木工和建築方面擁有傑出的才能，被稱為「魯班天子」。他曾製作了一個用來計量時間的宮漏，高約六七尺，各種漏壺都隱藏在一個特製的木櫃中。據說，櫃腰一側立有一位手捧時刻籌的少女，隨着時間的推移不時浮出水面；另一側立着兩位分別懸掛着鉦（zhēng，粵音晶）和鐘的神人，到時候便會準時擊鉦鳴鐘，分毫不差。木櫃兩側還設有一個日月宮，六位飛仙立於宮前，每到子午時刻，飛仙就會自動走過仙橋，之後再回到原位，非常精巧。明軍攻入大都後曾將這個宮漏繳獲並獻給朱元璋，朱元璋看了後就下令把它搗毀了。

責任編輯　楊紫東　潘沛雯

裝幀設計　鄧佩儀

排　版　陳美連

印　務　劉漢舉

穿越中國五千年❽：元朝

歪歪兔童書館 ◎ 著繪

出版｜中華教育

香港北角英皇道 499 號北角工業大廈 1 樓 B 室

電話：(852) 2137 2338　傳真：(852) 2713 8202

電子郵件：info@chunghwabook.com.hk

網址：http://www.chunghwabook.com.hk

發行｜香港聯合書刊物流有限公司

香港新界荃灣德士古道 220-248 號荃灣工業中心 16 樓

電話：(852) 2150 2100　傳真：(852)2407 3062

電子郵件：info@suplogistics.com.hk

印刷｜泰業印刷有限公司

香港新界大埔工業邨大貴街 11 至 13 號

版次｜2024 年 3 月第 1 版第 1 次印刷

©2024 中華教育

規格｜16 開（230mm x 170mm）

ISBN｜978-988-8861-37-8